天皇にとって退位とは何か

本郷和人
HONGO KAZUTO

イースト・プレス

天皇にとって退位とは何か

はじめに　歴史学者の目から見た「生前退位」への見解

二〇一六（平成二十八）年八月八日、多くの国民が天皇陛下のお言葉に耳を傾けました。

「象徴としてのお務めについての天皇陛下のおことば」と題したメッセージをきっかけに、多くの国民が現行の天皇制度や「生前退位」について思いをはせたことかと思います。

最初に日本における天皇について考えるうえで、そもそも論、天皇制というものがどのように変化を遂げて現代の日本に息づいているのかについてから始めていきましょう。

天皇の行動の判断基準とは

現代を生きるわたしたちが行動するうえでの基準は法律や憲法などです。

では、天皇の行動とはどういうものが判断基準になるのか。

これは、やはり先例主義というものを非常に重視しています。少なくとも『源氏《げんじ》物語《ものがたり》』や『枕草子《まくらのそうし》』に代表されるような貴族文化が花開いた平安《へいあん》時代ごろからは、朝廷の決まりごとは、なんにせよ先例をもってして決定される世界でした。

何か判断を下す際には、

「これは先例にもとづいたやり方なのかどうなのか」

それが基準になっていました。

先例にもとづいた判断であればOK。その一方で、これまでのやり方に則《のっと》っていない新しいものは「新儀非法《しんぎひほう》」であると見なされます。新しいこと、すなわちよくないことだとして否定されてしまうわけです。これは、新しいものにすぐに飛びつく現在のわたしたちとは、まったく異なった価値観だといえるでしょう。

ですから、天皇のあり方というものは、朝廷や宮中では、まさに「先例に則っていないとまずい、問題である」という価値観で動いてきました。

しかし、戦後になると、多くの歴史研究者は、天皇のことについて、ほとんど発言しなくなってしまいました。これはいったいなぜなのかという話が、じつは非常に大きな問題としてあるのです。

皇室をめぐる問題の発端とは

どういうことなのかというと、戦後になって天皇のあり方がさかんに議論されたのは、なんといっても二〇〇六（平成十八）年九月六日に秋篠宮《あきしののみや》さま（文仁《ふみひと》親王殿下）と紀子《きこ》さまのあいだに悠仁《ひさひと》さまが誕生される少し前のことですね。

悠仁さまが誕生される前には、皇室には男児が四十年九カ月にもわたって誕生しませんでした。

そのため、当時の小泉純一郎《こいずみじゅんいちろう》内閣は、将来的に男性皇族が不足して皇位継承に支障を来す恐れがあることから、皇室典範に関する有識者会議を設置しました。

この会議は二〇〇四（平成十六）年十二月二十七日に設置されました。その後、皇位継承や関連する制度について翌二〇〇五（平成十七）年一月二十五日から十七回もの会合を開き、最終的にはこの年の十一月二十四日に皇位継承について、女性天皇および女系天皇の容認、長子優先を柱とした報告書を提出しました。

このとき、民間やメディアでも皇室典範の改正や女性天皇、そして女系天皇を認めるのかという議論が起こり、論争になりました。

報告書では主に以下の点について提案しています。

◎女性天皇および女系天皇を認める。
◎皇位継承順位は男女を問わず第一子を優先とする。
◎女性天皇および女性の皇族の配偶者も皇族とする（女性宮家の設立を認める）。
◎永世皇族制を維持する。
◎女性天皇の配偶者の敬称は「陛下」などとする。なお、女性天皇の配偶者の具体的な呼称については触れられていない。
◎内親王の自由意志による皇籍離脱は認めない。

小泉総理は、この報告書の結果を受けて、皇室典範改正案の成立に向けて積極的でした。

ですが、その後、小泉総理自身が政権の座を降りたこと、後継となった安倍晋三《あべしんぞう》総理が皇室典範改正に消極的であったこと、そして悠仁さまが誕生したことなどの状況の変化により、皇室典範改正の機運は高まりませんでした。

結局、いまにいたるまで皇室典範は改正されず、とくに進展はありませんでした。

その際にも有識者に対するヒアリングが行われましたが、そのメンバーにはほとんど歴史研究者がいなかったという非常に特異な事例になっています。

ただひとり、京都産業大学の所功《ところいさお》さんが発言しているだけです。しかし、彼は歴史研究者の本流ではありません。天皇のあり方をめぐる議論について歴史研究者が関与しないという状況は、戦前の状況から考えるとありえないことなのです。

戦前もあった皇室論議

戦前の状況に言及しますと、明治《めいじ》時代になって天皇を元首とする国家をつくっていく過程において、第何代の天皇は誰かという天皇家の歴史を確定させる作業がどうしても必要になりました。正式な天皇の歴史を確定しなくてはいけないからです。

その背景にあったのは南北朝《なんぼくちょう》の問題です。

鎌倉《かまくら》幕府の滅亡後、第九十六代の後醍醐《ごだいご》天皇によって建武《けんむ》の新政《しんせい》が行われましたが、その崩壊を受けて、足利尊氏《あしかがたかうじ》が新たに光明《こうみょう》天皇を擁立します。こちらが北朝《ほくちょう》です。そして、尊氏に対抗するために、京都を脱出した後醍醐天皇が吉野《よしの》に南朝《なんちょう》を建てます。

これによって、一三三六（建武三／延元元《えんげん》）年から南朝第四代の後亀山《ごかめやま》天皇が北朝第六代の後小松《ごこまつ》天皇に譲位する形で南北朝が合一される一三九二（元中《げんちゅう》九／明徳《めいとく》三）年までの五十六年間、二人の天皇が同時に並立していたのです。

本来であれば、北朝の天皇が正統な天皇として考えられるはずでした。室町《むろまち》時代から江戸《えど》時代にいたるまで、朝廷は南朝の存在をほぼ無視していたわけです。

ですが、明治維新を成功させた元勲たちは南朝を正式な天皇にしたかった。後醍醐天皇と戦った尊氏が建てた北朝を正統視することは難しかったわけですね。戦前の価値観では、尊氏はいわゆる賊軍、南朝方についた楠木《くすのき》正成《まさしげ》や新田《にった》義貞《よしさだ》は英雄視されました。とりわけ正成は大楠公《だいなんこう》として神格化されるほどでした。

結局、明治政府は南朝方の天皇を歴代の正統の天皇とし、北朝の天皇を外すという荒技に出ます。

そのときに歴代の天皇を確定する作業が必要になり、皇統譜をつくることになります。そのために一九二四（大正《たいしょう》十三）年に臨時御歴代史実考査委員会という委員会が設置されました。

委員長（総裁）は大日本帝国憲法の起草に携わった伊東巳代治《いとうみよじ》伯爵《はくしゃく》。委員は倉富《くらとみ》勇三郎《ゆうざぶろう》、平沼騏一郎《ひらぬまきいちろう》（のちに総理大臣）、岡野敬次郎《おかのけいじろう》、関谷貞三郎《せきやていざぶろう》、二上兵治《ふたがみひょうじ》、入江《いりえ》貫一《かんいち》、杉栄三郎《すぎえいざぶろう》らの高級官僚、また三上参次《みかみさんじ》、三浦周行《みうらひろゆき》、黒板勝美《くろいたかつみ》、辻善之助《つじぜんのすけ》、坪《つぼ》井九馬三《いくめぞう》、和田英松《わだひでまつ》という、錚々《そうそう》たる歴史学者や日本史の研究者たちが参加しています。

このときには侃々諤々《かんかんがくがく》の議論をして真剣にやり合っています。それに比べると、現在、天皇陛下の談話を受けて設置された「天皇の公務の負担軽減等に関する有識者会議」は、ほとんど答えが先にありきのような形になっています。

しかも、歴史研究者は参加しないままで議論が進んでいます。

なぜ、そのような状況が生まれてしまったのか。

それは戦前に蔓延《まんえん》していた皇国史観の影響があります。皇国史観というのは天皇を中心とした歴史観です。それに対する反動で戦後は揺り戻しのような現象が起き、マルクス主義的な唯物史観が全盛になります。そのため、大家と呼ばれるような歴史学者の多くは左翼的な思考の持ち主だったのですね。

ですから、たとえば女性天皇について、その存在を認めるべきか否かという議論がさかんになったときにも、多くの歴史学者は表立って発言をしていません。

それは、なぜなのか。

じつは、彼らのほとんどは天皇制というもの自体を基本的には否定したいのです。女性天皇を認めるべきかどうかという議論に加わってしまえば、その前提である天皇制そのものを認めることになってしまいます。そのスタンスから議論が始まるわけですから、マルクス主義的な唯物史観を背景に持っている多くの歴史学者たちは議論に参加したくありません。

なぜ天皇をめぐる議論は混乱するのか

今回の天皇の「お気持ち」発言に関しての動きも、根底には同じような問題があると思います。生前退位を認めるべきか否かという議論自体も、天皇制の存続そのものを前提にしているわけですから。

生前退位を可能にするために今後、皇室典範を改正していく場合、本来なら先例が非常に重要になってきます。その際にはこれまでの歴史を顧みる作業が欠かせないはずです。当然、そこには歴史研究者が発言する必要性があります。

天皇をめぐる歴史は、確実に明らかになっている時代から考えても千五百年以上もの歴史があります。そのなかで、天皇の立場やあり方も時代に合わせて変遷を重ねています。

七九四（延暦《えんりゃく》十三）年に平安京《へいあんきょう》に都を移してからも千年以上の歴史があります。にもかかわらず、世間一般で天皇家の伝統について言及する際に、多くの言説は明治維新以降の百五十年ほどの歴史を前提にしただけの発言が多い現状があります。

これはおかしな話で、歴史研究者自身がもっと発言しなくてはいけません。また、歴史研究者にヒアリングをしてもいいはずなのですが、歴史研究者には根底に「天皇自体を否定したい」という思想があるために、なかなか矢面に立とうとしなかった。こうした事情があるわけです。

では、歴史学者としてのわたしの立場、スタンスはどのあたりなのでしょうか。わたし自身の発想や思想は、これまで長年、歴史を勉強してきて、なかなか右寄りの歴史観の立場にはいられないというところがあります。でも、マルクス主義に縛られるのはいやだ。ですから、自分としては、どちらかといえば真ん中くらいに位置づけたいところがあります。

それからもうひとつ、現在の天皇の存在や象徴天皇のあり方を考えたときに、天皇を前向きに受け止めているのが日本の世論のだいたい九〇%以上だろうという現実があります。

象徴天皇の存在を戦後の七十年を通してほぼ多くの国民が受け入れています。積極的な肯定ではないにしても、わざわざ廃止すべきだと思っている人はほとんどいません。歴史研究者も、若い方であればあるほど、もはや左や右など関係なく、前提として受け入れる以外にないと思っている人が多いはずです。

わたし自身も民主主義社会のなかで受け入れられている存在を否定しようとは思いません。日本国民のひとりとして象徴天皇の存続を願っています。そのことを前提として、天皇制について考える判断材料、さらにウソ偽りのない天皇の歴史や背景を提供したいと思うのです。

じつは、いわゆる右といわれている思想家や研究者のなかには平気でウソをついている人がたくさんいます。

歴史的な背景や前提に対して無知なためにウソをついている人もいれば、なかには知っていてわざとウソをついているのでは、という人もいます。

そういうウソに乗っかって議論してしまうと、問題が多いことを歴史研究者は知っています。ですが、なかなか声を上げることができないというジレンマがあるわけです。

そういう状況のなかで、なるべくいい素材を提供して、みんなで天皇について考えるきっかけにしてほしいというのが、わたしの正直な気持ちです。

インターネット時代の「国民の総意」とは

「国民の総意に基く」という天皇を規定する憲法の条文に関連しますが、国民みんながいまの憲法には問題があると意識し始めたら、そのときに考える必要性もあります。

ですが、それも国民の意思です。

戦前から戦後にかけて、しばらくのあいだは、日本においてもエリートと呼ばれるような、一般の人々からは隔絶した知識なり思考を持っている人たちが世論を引っ張る役割を果たしていました。

そのとき、当時の一般人は、そういう状況について、ほとんど声を上げませんでした。日々の生活に追われて、それどころではなかったというところもあるかもしれませんが、国家のしくみやあり方について、非常に従順なところもありました。

ところが、インターネットの普及によって、良くも悪くも人々の意識は大きく変化しつつあります。インターネットでは一般人でも一人ひとりの意見がメディアであるなどと形容されていますが、いまはさまざまなニュースや知識にも簡単にアクセスしやすくなっていますし、自分自身の意見もＳＮＳ（ソーシャル・ネットワーキング・サービス）をはじめ、発信しやすくなっています。

だからわたしは、そんな状況であればあるほど、判断するための適切な材料を提出することが歴史研究者の義務であるべきだと考えています。

この本では、天皇のあり方の変遷について、くわしく紹介していきます。

本郷和人《ほんごうかずと》

天皇にとって退位とは何か　目次

第二章　天皇にとって「退位」とは何か

第三章　天皇にとって「お務め」とは何か

第四章 日本人にとって「天皇」とは何か

第五章 天皇と日本人にとって「万世一系」とは何か

巻末付録

第一章

なぜ、天皇は「生前退位」を決意したのか

あまりにも多忙すぎる現代の天皇陛下

まずは、現在の終身天皇というルールができた理由と、そのルールのなかにおける生前退位の意味について説明していきます。

二〇一六（平成二十八）年八月八日、天皇陛下がみずから生前退位を希望していることを表明しましたが、それがどのような意味を持っているのか。まず、それについて解説したいと思います。

なぜ、天皇陛下は生前退位について話されたのか。

人間は誰しも年を重ねていくごとに自身の体力や知力、精神力などについて衰えを感じていきます。若いころのようには機敏に動けなかったり、ちょっとした動作でも疲れを感じたりします。病気やケガなどもしやすくなってきます。それは誰にでもあることで、わたし自身もそうです。

天皇陛下のお年を考えると、ご自身で体力的な衰えを自覚し、これまでのように公務をこなすことができないのではないか、迷惑をかけてしまうのではないかというこ とに思いをめぐらされたというのは非常によくわかります。天皇ご自身がみずからの置かれた立場やその責任感から今回の表明にいたったのでしょう。

ほとんど休みもなく、日本全国はもちろん、世界中を股にかけて飛び歩いていらっしゃるわけですから、そのことは誰でもわかります。

長距離の移動をともなう公務だけでなく、宮中で海外から来た要人に会ったり、国事行為に参加したりと、一般人から見てもかなりハードなスケジュールをこなしておられます。天皇の公務については時事通信の「時事ワード解説記事」がわかりやすいので、ここで引用します。

〈憲法に明記された国事行為のほか、行事出席などの公的行為がある。国事行為には国会召集や首相任命、栄典の授与に加え、年間1000件を超える閣議決定書類への署名や押印がある。被災地へのお見舞い、国民体育大会などの地方訪問や園遊会は公的行為と位置づけられる。新嘗祭《にいなめさい》などの宮中祭祀《さいし》は、天皇家の私的行為として公務と区別される。公的行為と私的行為の範囲は明確ではなく、公的行為を認めない学説もある〉

図表① 宮中祭祀祭儀一覧(恒例のもの)と平成27年の実施状況

	月日	祭儀	内容	平成27年の実施状況
1	1月1日	四方拝《しほうはい》	早朝に天皇陛下が神嘉殿南庭で伊勢の神宮,山陵および四方の神々をご遙拝になる年中最初の行事	○
2		歳旦祭《さいたんさい》の儀	早朝に三殿で行われる年始の祭典	
3	1月3日	元始祭《げんしさい》の儀	年始に当たって皇位の大本と由来とを祝し,国家国民の繁栄を三殿で祈られる祭典	○
4	1月4日	奏事始《そうじはじめ》の儀	掌典長が年始に当たって,伊勢の神宮および宮中の祭事のことを天皇陛下に申し上げる行事	○
5	1月7日	昭和天皇祭皇霊殿の儀	昭和天皇の崩御相当日に皇霊殿で行われる祭典(陵所においても祭典がある。)夜は御神楽がある。	○
6		昭和天皇祭御神楽の儀		○
7	1月30日	孝明天皇例祭の儀	孝明天皇の崩御相当日に皇霊殿で行われる祭典(陵所においても祭典がある。)	○
8	2月1日	旬祭《しゅんさい》	毎月1日・11日・21日に三殿で行われる祭典であり,原則として1日には天皇陛下の御拝礼がある。	
9	2月11日	三殿御拝	三殿への御拝礼	○
10	2月17日	祈年祭《きねんさい》の儀	三殿で行われる年穀豊穣祈願の祭典	○
11	3月1日	旬祭	毎月1日・11日・21日に三殿で行われる祭典であり,原則として1日には天皇陛下の御拝礼がある。	
12	春分の日	春季皇霊祭・神殿祭の儀	春分の日に皇霊殿で行われるご先祖祭,神殿で行われる神恩感謝の祭典	※
13	4月1日	旬祭	毎月1日・11日・21日に三殿で行われる祭典であり,原則として1日には天皇陛下の御拝礼がある。	
14	4月3日	神武天皇祭皇霊殿の儀	神武天皇の崩御相当日に皇霊殿で行われる祭典(陵所においても祭典がある。)	※
15		皇霊殿御神楽の儀	神武天皇祭の夜,特に御神楽を奉奏して神霊をなごめる祭典	※
16	5月1日	旬祭	毎月1日・11日・21日に三殿で行われる祭典であり,原則として1日には天皇陛下の御拝礼がある。	○
17	6月1日	旬祭	毎月1日・11日・21日に三殿で行われる祭典であり,原則として1日には天皇陛下の御拝礼がある。	
18	6月16日	香淳皇后例祭	香淳皇后の崩御相当日に皇霊殿で行われる祭典(陵所においても祭典がある。)	○
19	6月30日	節折《よおり》の儀	天皇陛下のために行われるお祓いの行事	○
20	7月1日	旬祭	毎月1日・11日・21日に三殿で行われる祭典であり,原則として1日には天皇陛下の御拝礼がある。	

	月日	祭儀	内容	平成27年の実施状況
21	7月30日	明治天皇例祭の儀	明治天皇の崩御相当日に皇霊殿で行われる祭典(陵所においても祭典がある。)	○
22	8月1日	旬祭	毎月1日・11日・21日に三殿で行われる祭典であり,原則として1日には天皇陛下の御拝礼がある。	
23	9月1日	旬祭	毎月1日・11日・21日に三殿で行われる祭典であり,原則として1日には天皇陛下の御拝礼がある。	
24	秋分の日	秋季皇霊祭・秋季神殿祭の儀	秋分の日に皇霊殿で行われるご先祖祭,神殿で行われる神恩感謝の祭典	○
25	10月1日	旬祭	毎月1日・11日・21日に三殿で行われる祭典であり,原則として1日には天皇陛下の御拝礼がある。	※
26	10月17日	神嘗祭《かんなめさい》神宮遙拝の儀	賢所に新穀をお供えになる神恩感謝の祭典。この朝天皇陛下は神嘉殿において伊勢の神宮をご遙拝になる。	○
27		神嘗祭賢所《かしこどころ》の儀		○
28	11月1日	旬祭	毎月1日・11日・21日に三殿で行われる祭典であり,原則として1日には天皇陛下の御拝礼がある。	
29	11月23日	新嘗祭《にいなめさい》神嘉殿《しんかでん》の儀(夕《よい》の儀・暁《あかつき》の儀)	天皇陛下が,神嘉殿において新穀を皇祖はじめ神々にお供えになって,神恩を感謝された後,陛下自らもお召し上がりになる祭典。宮中恒例祭典の中の最も重要なもの。天皇陛下自らご栽培になった新穀もお供えになる。	○
30	12月1日	旬祭	毎月1日・11日・21日に三殿で行われる祭典であり,原則として1日には天皇陛下の御拝礼がある。	
31	12月中旬	賢所《かしこどころ》御神楽《みかぐら》の儀	夕刻から賢所に御神楽を奉奏して神霊をなごめる祭典	○
32	12月23日	天長祭《てんちょうさい》の儀	天皇陛下のお誕生日を祝して三殿で行われる祭典	
33	12月25日	大正天皇例祭の儀	大正天皇の崩御相当日に皇霊殿で行われる祭典(陵所においても祭典がある。)	○
34	12月31日	節折の儀	天皇陛下のために行われるお祓いの行事	○

※出御される予定だったが、御不例等によりお出ましにならなかったもの。
(注1)歳旦祭については、平成24年以降御代拝(掌典次長が奉仕)となっている。
(注2)新嘗祭については、夕刻に行われる「夕の儀」と未明に行われる「暁の儀」があるが、「暁の儀」については平成26年以降掌典長が供進している。
(注3)旬祭は、平成21年以降、5月と10月を除き侍従による御代拝とされている。
(注4)上記一覧のほか、歴代天皇の式年祭(崩御の日より3年、5年、10年、20年、30年、40年、50年、100年、以後100年毎)や外国御訪問前後の御拝礼などが行われている。

〈出典〉首相官邸ホームページ「天皇の公務の負担軽減等に関する有識者会議」第2回、資料2、6ページ
http://www.kantei.go.jp/jp/singi/koumu_keigen/dai2/shiryo2.pdf

図表② 平成27年における天皇皇后両陛下の地方行幸啓・外国御訪問について

○地方行幸啓(御用邸御滞在を除く)

日程	御訪問先	目的
1.16～1.17	兵庫県	阪神・淡路大震災20年追悼式典御臨席併せて地方事情御視察
3.13～3.15	宮城県	国連防災世界会議開会式御臨席併せて 東日本大震災復興状況御視察
5.16～5.18	石川県	第66回全国植樹祭御臨場併せて地方事情御視察
5.28	神奈川県	こどもの国開園50周年記念式典御臨席
6.10	神奈川県	第45回戦没・殉職船員追悼式御臨席・御供花
6.17～6.18	宮城県・ 山形県	御訪問
7.16	福島県	福島県営北信団地(復興公営住宅)居住者との御懇談等
7.26～7.28	愛知県	国際第四紀学連合第19回大会開会式御臨席及び地方事情御視察
9.25～9.27	和歌山県	国民体育大会御臨場併せて地方事情御視察
10.1	茨城県	平成27年9月関東・東北豪雨による被災地お見舞
10.3 ～10.4	大分県	太陽の家創立50周年記念式典御臨席併せて地方事情御視察
10.24～ 10.26	富山県	第35回全国豊かな海づくり大会御臨席併せて地方事情御視察
11.17	神奈川県	青年海外協力隊発足50周年記念式典御臨席
12.8	千葉県	御訪問(障害者週間にちなみ)

○外国御訪問

日程	御訪問先	目的
4.8～4.9	パラオ国	戦没者慰霊、国際親善

〈出典〉首相官邸ホームページ「天皇の公務の負担軽減等に関する有識者会議」第2回、参考資料1
http://www.kantei.go.jp/jp/singi/koumu_keigen/dai2/sankou1.pdf

「国民の総意」に訴えるお気持ち表明

今回の天皇陛下のお気持ちを表明した「おことば」には、国民の理解と賛同を得てものごとを前に進めようという天皇陛下の意思を感じました。

実際、「おことば」表明後の各世論調査を見ると、国民から非常に好感をもって受け止められていることがわかります。

朝日新聞社が二〇一六（平成二十八）年八月六、七の両日に実施した全国世論調査（電話）では、天皇陛下が天皇の位を生前に皇太子さま（徳仁《なるひと》親王殿下）に譲る意向を示していることに関連して「生前退位」について尋ねた際に、生前退位できるようにすることに「賛成」は八四％にものぼっています。

この調査では、現在の法律には生前退位についての決まりがないことを説明したうえで、生前退位を可能とすることへの賛否を聞いています。要するに、「生前退位」を可能とする皇室典範の改正について八割以上の国民が賛同しているわけです。

また、天皇に代わって国事行為をする「摂政《せっしょう》」制度についても尋ねています。

天皇に重大な事故があった場合などは摂政を置いて対応できるが、いまの天皇陛下のご負担を軽減するために摂政を置くことを認めてよいと思うかという問いに対して、「認めてよい」七三％、「そうは思わない」一五％となっています。

こちらも国民のあいだで高齢の天皇の負担を軽減することに対して一定の割合で理解があると思える結果だといえます。

さらに、天皇陛下は「おことば」のなかで、天皇の崩御や即位に関連する儀式によって「社会が停滞し、国民の暮らしにも様々な影響が及ぶことが懸念されます」とも述べられています。

なぜ「摂政」を希望されないのか

それでも皇室典範には「生きている以上はずっと天皇であり続ける」ということが明記されています。皇室典範を改正しないかぎりは、天皇は生前退位ができないのです。おそらく、これまでも天皇陛下は生前退位について長いあいだ考えてこられたのだと思われます。そして、現状では難しいということにも思いをはせていらっしゃったのでしょう。

図表③ 天皇陛下の即位に伴う主な儀式・行事一覧

年月日	名称	場所
昭和64年1月7日	剣璽等承継の儀(国事行為)	宮殿
平成元年1月9日	即位後朝見の儀(国事行為)	宮殿
平成2年1月23日	賢所に期日奉告の儀	賢所
	皇霊殿神殿に期日奉告の儀	皇霊殿・神殿
	神宮神武天皇山陵及び前四代の天皇山陵に勅使発遣の儀	宮殿
平成2年1月25日	神宮に奉幣の儀	神宮
	神武天皇山陵及び前四代の天皇山陵に奉幣の儀	各山陵
平成2年2月8日	斎田点定の儀	神殿
平成2年9月28日・10月10日	斎田抜穂の儀	斎田
平成2年11月12日	即位礼当日賢所大前の儀	賢所
	即位礼当日皇霊殿神殿に奉告の儀	皇霊殿・神殿
	即位礼正殿の儀(国事行為)	宮殿
	祝賀御列の儀(国事行為)	宮殿～ 赤坂御所
平成2年11月12日～15日	饗宴の儀(国事行為)	宮殿
平成2年11月13日	園遊会	赤坂御苑
平成2年11月16日	神宮に勅使発遣の儀	宮殿
平成2年11月18日	即位礼一般参賀	宮殿東庭
平成2年11月21日	大嘗祭前一日鎮魂の儀	皇居
平成2年11月22日	大嘗祭当日神宮に奉幣の儀	神宮
	大嘗祭当日賢所大御饌供進の儀	賢所
	大嘗祭当日皇霊殿神殿に奉告の儀	皇霊殿・神殿
	大嘗宮の儀(悠紀殿供饌の儀)	皇居東御苑
平成2年11月23日	大嘗宮の儀(主基殿供饌の儀)	
平成2年11月24日・25日	大饗の儀	宮殿
平成2年11月27日・28日	即位礼及び大嘗祭後神宮に親謁の儀	神宮
平成2年12月2日・3日・5日	即位礼及び大嘗祭後神武天皇山陵及び前四代の天皇山陵に親謁の儀	各山陵
平成2年12月3日	茶会	京都御所
平成2年12月6日	即位礼及び大嘗祭後賢所に親謁の儀	賢所
	即位礼及び大嘗祭後皇霊殿神殿に親謁の儀	皇霊殿・神殿
	即位礼及び大嘗祭後賢所御神楽の儀	賢所

〈出典〉首相官邸ホームページ「天皇の公務の負担軽減等に関する有識者会議」第2回、参考資料6
http://www.kantei.go.jp/jp/singi/koumu_keigen/dai2/sankou6.pdf

図表④ 昭和天皇の崩御に伴う主な儀式・行事一覧

期日	名称	場所	備考（注）	両陛下のご出席
平成元年 1月7日～19日	櫬殿《しんでん》祗候《しこう》	櫬殿（＊1）	櫬殿行事	両陛下 （7日～18日）
平成元年1月8日	御舟入	吹上御所	大喪儀関連行事	両陛下
平成元年1月9日	斂棺《れんかん》	吹上御所	大喪儀関連行事	両陛下
平成元年1月16日	櫬殿十日祭	櫬殿	櫬殿行事	両陛下
平成元年1月17日	陵所地鎮祭の儀	陵所（＊2）	大喪儀各儀	
平成元年1月19日	殯宮《ひんきゅう》移御《いぎょ》の儀	殯宮（＊3）	大喪儀各儀	両陛下
平成元年1月19日	櫬殿祓除《ばつじょ》の儀	櫬殿	大喪儀に伴う儀式	
平成元年 1月19日～2月24日	殯宮祗候	殯宮	大喪儀関連行事	両陛下 （1月20日～2月22日（1月21日～24日は除く））
平成元年 1月20日～2月23日	殯宮日供《にっく》の儀《ぎ》	殯宮	大喪儀各儀	
平成元年1月20日	殯宮移御後一日祭の儀	殯宮	大喪儀各儀	両陛下
平成元年1月21日	殯宮拝礼の儀	殯宮	大喪儀各儀	
平成元年 1月22日～24日	殯宮一般拝礼	宮殿東庭	大喪儀関連行事	
平成元年1月25日	外交団殯宮拝礼	殯宮	大喪儀関連行事	
平成元年1月26日	殯宮二十日祭の儀	殯宮	大喪儀各儀	両陛下
平成元年1月31日	追号奉告の儀	殯宮	大喪儀各儀	両陛下
平成元年2月5日	殯宮三十日祭の儀	殯宮	大喪儀各儀	両陛下
平成元年2月15日	殯宮四十日祭の儀	殯宮	大喪儀各儀	両陛下
平成元年2月21日	大喪関係ご会見 （フィンランド大統領妻）	赤坂御所	その他	両陛下
平成元年2月22日	大喪関係ご会見 （ドイツ連邦共和国大統領夫妻他7か国）	赤坂御所	その他	両陛下
平成元年2月23日	大喪関係ご会見・お茶 （ベルギー国王王妃両陛下他17か国）	赤坂御所	その他	両陛下
平成元年2月23日	大喪関係ご会見（ブラジル大統領夫妻他9か国）	赤坂御所	その他	両陛下
平成元年2月23日	陵所祓除の儀	陵所	大喪儀各儀	
平成元年2月23日	霊代奉安の儀	権殿《ごんでん》（＊4）	大喪儀各儀	両陛下
平成元年2月24日	斂葬《れんそう》当日殯宮祭の儀	殯宮	大喪儀各儀	両陛下
平成元年2月24日	轜車発引《じしゃはついん》の儀	宮殿	大喪儀各儀	両陛下
平成元年2月24日	大喪の礼御葬列	皇居正門 ～ 葬場総門	大喪の礼 （国事行為）	両陛下
平成元年2月24日	葬場殿の儀	葬場	大喪儀各儀	両陛下
平成元年2月24日	大喪の礼御式	葬場	大喪の礼 （国事行為）	両陛下
平成元年2月24日	大喪の礼御葬列	葬場殿～ 陵所総門	大喪の礼 （国事行為）	両陛下
平成元年2月24日	陵所の儀	陵所	大喪儀各儀	両陛下
平成元年2月24日 ～平成2年1月6日	権殿日供の儀	権殿	大喪儀各儀	
平成元年2月25日 ～平成2年1月6日	山陵日供の儀	陵所	大喪儀各儀	
平成元年2月25日	各国代表とご会見・ご引見	宮殿	その他	両陛下

期日	名称	場所	備考(注)	両陛下のご出席
平成元年2月25日	斂葬後一日権殿祭・ 権殿五十日祭の儀	権殿	大喪儀各儀	両陛下
平成元年2月25日	斂葬後一日権殿祭・ 山陵五十日祭の儀	陵所	大喪儀各儀	両陛下
平成元年2月26日	各国代表とご会見・ご引見	宮殿	その他	両陛下
平成元年2月27日 ～3月28日	山陵一般参拝	陵所	大喪儀関連行事	
平成元年2月27日	大喪関係ご引見(スリランカ 前大統領夫妻他2か国)	赤坂御所	その他	
平成元年3月2日	倚廬殿《いろでん》の儀	宮殿	大喪儀各儀	天皇陛下
平成元年3月7日	権殿ご拝礼	宮殿	大喪儀関連行事	両陛下
平成元年3月15日	昭和天皇大喪儀に参列した 各国外交使節団の長及び その配偶者のための茶会	宮殿	その他	両陛下
平成元年4月7日	権殿ご拝礼	宮殿	大喪儀関連行事	両陛下
平成元年4月16日	権殿百日祭の儀	権殿	大喪儀各儀	両陛下
平成元年4月16日	山陵百日祭の儀	陵所	大喪儀各儀	両陛下
平成元年4月17日	山陵起工奉告の儀	陵所	大喪儀各儀	
平成元年5月7日	権殿ご拝礼	宮殿	大喪儀関連行事	両陛下
平成元年6月7日	権殿ご拝礼	宮殿	大喪儀関連行事	両陛下
平成元年7月7日	権殿ご拝礼	宮殿	大喪儀関連行事	両陛下
平成元年8月7日	権殿ご拝礼	宮殿	大喪儀関連行事	両陛下
平成元年9月7日	権殿ご拝礼	宮殿	大喪儀関連行事	両陛下
平成元年10月7日	権殿ご拝礼	宮殿	大喪儀関連行事	両陛下
平成元年11月7日	権殿ご拝礼	宮殿	大喪儀関連行事	両陛下
平成元年12月7日	権殿ご拝礼	宮殿	大喪儀関連行事	両陛下
平成2年1月4日	権殿ご拝礼	宮殿	大喪儀関連行事	両陛下
平成2年1月6日	山陵竣工奉告の儀	陵所	大喪儀各儀	
平成2年1月7日	権殿一周年祭の儀	権所	大喪儀各儀	両陛下
平成2年1月7日	山陵一周年祭の儀	陵所	大喪儀各儀	両陛下
平成2年1月8日	御禊《みそぎ》の儀	御禊所	大喪儀に伴う 儀式	
平成2年1月8日	大祓の儀	祓所	大喪儀に伴う 儀式	
平成2年1月9日	霊代奉遷の儀ご遥拝	赤坂御所	大喪儀関連行事	両陛下

*1 槻殿:崩御後殯宮移御までの間、御霊柩を奉安する御殿(吹上御所御居間)
*2 陵所:崩御された天皇を御埋葬する所(武蔵陵墓地内)
*3 殯宮:斂葬(葬式と御埋葬)までの間、御霊柩を奉安する御殿(宮殿正殿松の間)
*4 権殿:霊代奉安後一周年までの間、みたましろを奉安する御殿(宮殿表御座所芳菊の間)

(注)昭和天皇を葬送申し上げる儀式として、国の儀式である「昭和天皇大喪の礼」と皇室の行事である「昭和天皇大喪儀」が執り行われた。

なお、大喪儀として大喪儀各儀、大喪儀関連行事が行われたほか、大喪儀に伴う儀式、槻殿行事が行われた。

〈出典〉首相官邸ホームページ「天皇の公務の負担軽減等に関する有識者会議」第2回、参考資料5
http://www.kantei.go.jp/jp/singi/koumu_keigen/dai2/sankou5.pdf

さらに一歩踏み込んで考えた場合、摂政の問題があります。

摂政は近年でも例があります。大正《たいしょう》天皇が天皇としての義務や天皇としての仕事を果たせないという際に、現在の天皇陛下の父親である昭和《しょうわ》天皇が摂政として大正天皇の役割を代行されたという先例があるわけです。

皇室典範には摂政の規定が存在します。ですから、天皇陛下が「自分はもう天皇の仕事はできない。だから大正天皇と同じく皇太子殿下に摂政になってもらって天皇の仕事を代行してほしい」と提案することも可能でした。この場合は皇室典範を改正せずに現行のままで対応できるわけです。それはそれで筋が通る判断だとも思います。

ですが、天皇陛下の「おことば」を読んでみると、どうやら摂政を置くことには明らかに反対しているようなのです。これはもう、誰が見てもわかるでしょう。

そうなると、なぜ摂政を置くのはいやなのか、というテーマが出てきます。

ひとつは、やはり先例の問題です。大正天皇のときのような状況はあまり望ましくないのではないかという思いがあるのでしょう。

現在の天皇の父である昭和天皇は高齢であっても一所懸命に公務をやっておられ

ました。昭和天皇には自分の父親の大正天皇のようになりたくない、皇太子（明仁《あきひと》親王殿下、今上《きんじょう》天皇）を摂政に立てたくないという強いお気持ちがあったという話がいまではわかっています。

摂政のあり方や摂政としての制度の運用のしかたというのは、まだ固まっていません。戦後の象徴天皇制のもとでは、もちろん一度も置かれていません。ですから、息子である皇太子さまに摂政としてその役割を負わせるのであれば、いっそ皇位を譲ったほうがいいのではないかと思っているのかもしれません。

それから、いまの天皇陛下ご自身も、天皇でいるうちは天皇としての職責を果たしたいというお気持ちが強いという話を聞いたことがあります。なぜかといえば、父の昭和天皇の姿やその責任感の強さを間近で見ていたということや、大正天皇があまり職務をまっとうしようとしなかった歴史的事実がトラウマになっているそうです。

ですから、わたし自身は、生前退位の話を聞いた際には、その内容に驚いたほどでした。

図表⑤ 摂政設置事例一覧表

No.	代数	天皇	摂政	補任理由	解任理由	在職期間	備考
1	33	推古天皇	皇太子 廏戸皇子	女性天皇	廏戸皇子,薨去	28年12箇月	立太子と同日に補任
2	37	斉明天皇	皇太子 中大兄皇子	女性天皇	天皇崩御	6年7箇月	天皇の重祚と同日に補任
3	40	天武天皇	皇太子 草壁皇子	詳細不明	天皇崩御	4年8箇月	立太子と同日に補任
4	56	清和天皇	太政大臣 藤原良房	詳細不明	良房,薨去	6年2箇月	天皇,天安2年8月27日,9歳にて践祚。貞観6年正月1日,御元服
5	57	陽成天皇	右大臣 藤原基経	天皇幼少	天皇譲位	7年4箇月	天皇,9歳にて践祚。元慶6年正月2日,御元服
6	61	朱雀天皇	左大臣 藤原忠平	天皇幼少	忠平,関白となる	11年3箇月	天皇,8歳にて践祚。承平7年正月4日,御元服
7	64	円融天皇	太政大臣 藤原実頼	天皇幼少	実頼,薨去	10箇月	天皇,11歳にて践祚。天禄3年正月3日,御元服
			右大臣 藤原伊尹		伊尹の疾病による	2年6箇月	
8	66	一条天皇	右大臣 藤原兼家	天皇幼少	兼家,関白となる	4年	天皇,7歳にて践祚。永祚2年(正暦元年)正月5日,御元服
			関白内大臣 藤原道隆	天皇幼少 (ただし,御元服後)	道隆,関白となる	3年	
9	68	後一条天皇	左大臣 藤原道長	天皇幼少	道長,息頼通に譲る	1年3箇月	天皇,9歳にて践祚。寛仁2年正月3日,御元服
			内大臣 藤原頼通		頼通,関白となる	2年10箇月	
10	73	堀河天皇	前左大臣 藤原師実	天皇幼少	師実,関白となる	4年2箇月	天皇,8歳にて践祚。寛治3年正月5日,御元服
11	74	鳥羽天皇	右大臣 藤原忠実	天皇幼少	忠実,関白となる	6年6箇月	天皇,5歳にて践祚。天永4年(永久元年)正月1日,御元服
12	75	崇徳天皇	左大臣 藤原忠通	天皇幼少	忠通,関白となる	6年7箇月	天皇,5歳にて践祚。大治4年正月1日,御元服
13	76	近衛天皇	前太政大臣 藤原忠通	天皇幼少	忠通,関白となる	9年1箇月	天皇,3歳にて践祚。久安6年正月4日,御元服

No.	代数	天皇	摂政	補任理由	解任理由	在職期間	備考
14	79	六条天皇	前左大臣 藤原基実	天皇幼少	基実,薨去	1年 2箇月	天皇,2歳にて践祚。御元服なし
			左大臣 藤原基房		天皇譲位	1年 9箇月	
15	80	高倉天皇	前左大臣 藤原基房	天皇幼少	基房,関白となる	4年 11箇月	天皇,8歳にて践祚。嘉応3年(承安元年)正月3日,御元服
16	81	安徳天皇	内大臣 藤原基通	天皇幼少	天皇,平氏と共に西海に遷幸,この日,後鳥羽天皇践祚	3年 7箇月	天皇,3歳にて践祚。御元服なし
17	82	後鳥羽天皇	前内大臣 藤原基通	天皇幼少	所謂法住寺合戦の影響(源義仲による)	5箇月	天皇,4歳にて践祚。文治6年(建久元年)正月3日,御元服
			内大臣 藤原師家		源義仲敗死の影響	3箇月	
			前内大臣 藤原基通		源頼朝の奏請(源義経に頼朝「追討宣旨」を与えた影響)	2年 3箇月	
			右大臣 藤原兼実		兼実,関白となる	5年 10箇月	
18	83	土御門天皇	前内大臣 藤原基通	天皇幼少	源通親薨去の影響	5年	天皇,4歳にて践祚。元久2年正月3日,御元服
			左大臣 九条良経		良経,薨去	3年 4箇月	
			左大臣 近衛家実		家実,関白となる	10箇月	
19	85	仲恭天皇	左大臣 九条道家	天皇幼少	天皇退位 (承久の乱の影響)	4箇月	天皇,4歳にて践祚。御元服なし
20	86	後堀河天皇	前左大臣 近衛家実	天皇幼少	家実,関白となる	2年 6箇月	天皇,10歳にて践祚。承久4年(貞応元年)正月3日,御元服
21	87	四条天皇	左大臣 九条教実	天皇幼少	教実,薨去	2年 6箇月	天皇,2歳にて践祚。仁治2年正月5日,御元服
			前左大臣 九条道家		道家,兼経に譲る	2年 1箇月	
			左大臣 近衛兼経		天皇崩御	4年 11箇月	

No.	代数	天皇	摂政	補任理由	解任理由	在職期間	備考
22	89	後深草天皇	左大臣 一条実経	天皇幼少	兄藤原頼経をめぐる所謂宮騒動の影響により幕府が奏請	1年 1箇月	天皇,4歳にて践祚。建長5年正月3日,御元服
			前太政大臣 近衛兼経		兼経,弟兼平に譲る	5年 10箇月	
			左大臣 鷹司兼平		兼平,関白となる	2年 3箇月	
23	91	後宇多天皇	前右大臣 九条忠家	天皇幼少	上表におよばず解任。忠家が大嘗会の故実を知らぬため,との巷説あり	6箇月	天皇,8歳にて践祚。建治3年正月3日,御元服
			左大臣 一条家経		幕府の意向による	1年 5箇月	
			前太政大臣 鷹司兼平		兼平,関白となる	3年 4箇月	
24	93	後伏見天皇	前左大臣 鷹司兼忠	天皇幼少	兼忠の上表による	6箇月	天皇,11歳にて践祚。正安2年正月3日,御元服
			左大臣 二条兼基		兼基,関白となる	2年 1箇月	
25	95	花園天皇	前左大臣 九条師教	天皇幼少	不明	5箇月	天皇,12歳にて践祚。延慶4年(応長元年)正月3日,御元服
			左大臣 鷹司冬平		冬平,関白となる	2年 5箇月	
26	100	後小松天皇	太政大臣 二条良基	天皇幼少	良基,辞退	4年 11箇月	天皇,6歳にて践祚。至徳4年(嘉慶元年)正月3日,御元服
			右大臣 近衛兼嗣		兼嗣,薨去	1年 2箇月	
			前太政大臣 二条良基		良基,関白となる	3箇月	
27	102	後花園天皇	左大臣 二条持基	天皇幼少	持基,兼良に譲る	4年 2箇月	天皇,10歳にて践祚。永享5年正月3日,御元服
			左大臣 一条兼良		譲補時の約による	3箇月	
			太政大臣 二条持基		持基,関白となる	6箇月	
28	109	明正天皇	左大臣 一条兼遐 (後,昭良と改名)	天皇幼少,かつ女性	昭良,辞退	5年 11箇月	天皇,7歳にて践祚。寛永15年6月16日,鬢曾木
			左大臣 二条康道		天皇譲位	8年 1箇月	

No.	代数	天皇	摂政	補任理由	解任理由	在職期間	備考
29	110	後光明天皇	前左大臣 二条康道	天皇幼少（ただし,御元服後）	康道,道房に譲る	3年4箇月	天皇,11歳にて践祚（前月,御元服）
			左大臣 九条道房		道房の疾病による	1箇月	
			前左大臣 一条昭良		昭良,この日付にて関白となる。ただし実際は,翌年閏正月22日まで摂政	5箇月	
30	112	霊元天皇	前左大臣 二条光平	天皇幼少（ただし,御元服後）	光平,辞退	1年10箇月	天皇,10歳にて践祚（前年,御元服）
			左大臣 鷹司房輔		房輔,関白となる	3年7箇月	
31	113	東山天皇	前右大臣 一条冬経	天皇幼少（ただし,御元服後）	冬経,関白となる	2年1箇月	天皇,13歳にて践祚（2箇月前に御元服）
32	114	中御門天皇	前左大臣 近衛家凞	天皇幼少	家凞,辞退	3年3箇月	天皇,9歳にて践祚。宝永8年（正徳元年）正月一日,御元服
			左大臣 九条輔実	天皇幼少（ただし,御元服後）	輔実,関白となる	4年4箇月	
33	116	桃園天皇	左大臣 一条道香	天皇幼少	道香,関白となる	7年10箇月	天皇,7歳にて践祚
34	117	後桜町天皇	前左大臣 近衛内前	女性天皇	天皇譲位	8年5箇月	踐祚時にすでに成年に達していた
35	118	後桃園天皇	前太政大臣 近衛内前	天皇幼少（ただし,御元服後）	内前,関白となる	1年10箇月	天皇,13歳にて践祚（前々年,御元服）
36	119	光格天皇	前左大臣 九条尚実	天皇幼少	尚実,関白となる	5年4箇月	天皇,9歳にて践祚。安永10年（天明元年）正月1日御元服
37	122	明治天皇	左大臣 二条斉敬	天皇幼少	王政復古の大号令により摂関廃止	1年	天皇,16歳にて践祚。同4年（明治元年正月15日,御元服
38	123	大正天皇	皇太子 裕仁親王	天皇疾病	天皇崩御	5年2箇月	

※補任理由欄及び解任理由欄の記載は,『皇室制度史料』摂政編所収の資料による。
※江戸時代には御元服後も摂政が置かれている例が多いが,これは御元服の年齢にかかわらず15歳にて復辟（政を還す）する慣例が成立していたためであり,補任理由は天皇幼少とした。
※一条天皇も御元服後に拘わらず摂政（藤原道隆）を置いているが,この場合も,天皇が11歳で御元服したものの未だ政務を行う能力が備わっていなかったための措置と考えられる。
〈出典〉首相官邸ホームページ「天皇の公務の負担軽減等に関する有識者会議」第2回、参考資料2
http://www.kantei.go.jp/jp/singi/koumu_keigen/dai2/sankou2.pdf

天皇陛下は皇室典範の改正をお望みなのか

ここからは深読みといいますか、わたしの推測の部分が多い見方になりますが、天皇陛下ご自身は本当に皇室典範を改正したいのだろうかという点について見ていきます。

わたしは、そこにさまざまな疑問が浮かび上がってくるのを抑えることができません。

生前退位をすることになり、しかも摂政を置かないという場合、皇室典範の改正は必然的です。しかし、皇室典範を金科玉条のように思い、改正することに対して否定的な考えの人たちも多いです。

わたしが思うのは、じつは天皇陛下は、そういう人たちの動き、いうなれば硬直的というか、極度に保守的な考え方を快く思っていないのではないでしょうか。

皇室のあり方というのは日本の社会や時代の変化とともに変わっていくべきものだというのが天皇陛下のお気持ちであるとすれば、自分の目の黒いうちに皇室典範を「改正する先例」をつくっておきたいというお気持ちもあるのではないだろうか。

こういうふうに、わたしは推測するわけです。

変わりうることがあるのだという先例をつくる必要性を感じていらっしゃるのではないか。そう思えてならないのです。

この話を考えていくと、生前退位だけでなく、女性天皇や女系天皇についても考える必要性があります。ですが、今回の本の趣旨からは少しずれてきますので、このくらいにしておきましょう。

歴史的に考えた場合、権力者にとって何がいちばん大事な権利や権限であるのかと考えると、それは自分自身の判断で後継者を定めるということです。これは義務であるとともに権利なのですね。

そして、誰が後継者になるのか、ということをめぐって必ず世の中が乱れていくわけです。現在のサラリーマン社会でも、誰が社長の椅子に座るのか、絶えず切磋《せっさ》琢磨《たくま》が行われ、社長からの後継指名を受けようと、ゴマをすったり、おべっかを使ったりするわけですよね。

内閣改造の際に永田町《ながたちょう》の政治家たちが悲喜こもごもの表情を見せ、それが最大のニュースになるように、やはり人事権というのは権力者にとって力の源泉なのです。なぜ、自民党の政治家が安倍総理に従うのかといったら、大臣になりたい、少しでもいい役職につきたいと思っているからですね。

そもそも天皇は自分の意思で退位できるものなのか

現在は「象徴天皇」ですから、誰が天皇になったとしても深甚な変化というのはないはずです。ですが、天皇陛下のお気持ちを考えた場合、自分の目の黒いうちに皇太子さまが天皇になり、皇室が無事にバトンタッチできたことを見届けたい、安心したいという思いはあるでしょう。

そのときに問題になるのは、いまの皇太子さまが天皇になったときに誰が次の皇太子になるのかという難題があることです。

その部分についても確認しておきたい、なるべくなら争いごとになるような不安要素は取り除いていたいというお気持ちもあるのかもしれません。

これはもう当然のことですが、権力者は自分の意思で退位をしたいわけです。自身の進退を自分で決められなければ、そもそも真の権力者ではありませんよね。進退を他人に左右されるようであれば、それはもう傀儡《かいらい》にすぎません。

退位することそのものが問題ではなく、誰を後継者にするかということが問題なのです。会社の社長人事と一緒です。自分が会長に退いたあと、誰を次の社長にするか、それは当然、自分の権力をいちばん保全できる人にする。引退した自分を誰が大切に扱ってくれるのかをずっと見ているわけです。

自分の影響力を少しでも次代に残したい。権力の変遷はその繰り返しといっても過言ではないかもしれません。

ですから、後継者をどうするのかは非常に大きな問題です。自分の意思で退位することができれば、必然的に後継者問題が発生し、それに対する発言力を持つこともできます。

ですが、日本の皇室典範ではそれを禁じています。これは皇室典範自体が、天皇制というのがひとつの統治手段であり、国家運営のシステムだと考えていたいい例だといえるのではないでしょうか。

純粋な絶対君主制を採用するつもりであれば、後継者も決められず、次代の天皇について関与できないというのは、おかしなしくみなのですから。

現行制度では秋篠宮さまは皇太子になれない

皇室典範では天皇の男の子どもが皇太子になるという規定が決めてあります。これは皇位継承権とはまったく別の問題です。皇位継承権順でいくと、いまの皇太子さまが天皇になった際には、皇位継承権順の一位が秋篠宮さま、二位が悠仁さまになります。

ですが、皇室典範を改正しないことには、秋篠宮さまは「皇太子」にはなれません。秋篠宮さまは皇太子ではなく「皇太弟《こうたいてい》」になるわけです。将来、秋篠宮さまを抜いて悠仁さまが天皇になるとすれば「皇太甥《こうたいせい》」になります。皇太弟という立場は皇室典範にはなく、皇太甥という立場は歴史上、熟していません。万が一、秋篠宮さまが皇太子さまより先に亡くなった場合には、悠仁さまが継ぐしかないわけですから、皇太甥になるわけです。

過去の先例を引っ張り出して、そうした事態に対応しようとするならば、さまざまな手立てはあります。たとえば、最もポピュラーなやり方かもしれませんが、弟を養子にすることも可能です。ですが、皇室典範の条文から考えると、それでは皇

図表⑥-1 皇位継承順位

順位	名前・身位	読み	性別	生年	年齢	今上天皇から見た続柄
1	皇太子徳仁親王	なるひと	男性	1960年（昭和35年）	57	第1皇男子
2	秋篠宮文仁親王	あきしののみや ふみひと	男性	1965年（昭和40年）	52	第2皇男子
3	悠仁親王	ひさひと	男性	2006年（平成18年）	11	皇孫、第2皇男子 秋篠宮文仁親王の第1男子
4	常陸宮正仁親王	ひたちのみや まさひと	男性	1935年（昭和10年）	82	皇弟、昭和天皇の 第2皇男子

図表⑥-2 現在の摂政就任順位

順位	名前・身位	読み	性別	生年	年齢	備考
1	皇太子徳仁親王	なるひと	男性	1960年（昭和35年）	57	皇室典範17条1項1号「皇太子又は皇太孫」
2	秋篠宮文仁親王	あきしののみや ふみひと	男性	1965年（昭和40年）	52	皇室典範17条1項2号「親王及び王」
3	常陸宮正仁親王	ひたちのみや まさひと	男性	1935年（昭和10年）	82	
4	皇后美智子	みちこ	女性	1934年（昭和9年）	83	皇室典範17条1項3号「皇后」
5	眞子内親王（秋篠宮家）	まこ	女性	1991年（平成3年）	26	皇室典範17条1項6号「内親王及び女王」
6	佳子内親王（秋篠宮家）	かこ	女性	1994年（平成6年）	23	
7	彬子女王（三笠宮家）	あきこ	女性	1981年（昭和56年）	36	
8	瑶子女王（三笠宮家）	ようこ	女性	1983年（昭和58年）	34	
9	承子女王（高円宮家）	つぐこ	女性	1986年（昭和61年）	31	
10	絢子女王（高円宮家）	あやこ	女性	1990年（平成2年）	27	

年齢は2017年末時点。　〈出典〉各種資料より編集部作成

太子になることはできません。

もしかしたら、現在の天皇陛下にしてみれば、周囲から問題点を聞いた場合に「それは困る」と思ったのかもしれません。秋篠宮さまを皇太子、もしくは皇太弟としてきちんと位置づけられるような皇室典範に改正する必要性を強く認識したかもしれません。そして、それを定めていく過程を自身で見届けたいというお気持ちも強く持っていらっしゃるかもしれません。

将来的に悠仁さまが天皇になられることを考えれば、あと何十年、普通にお元気であれば、五十年以上は皇室は安泰です。天皇陛下としては、皇室が将来的につながっていく期待を持つことは当然のことでしょう。

また、そこに女性天皇や女系天皇の問題がどのようにからんでくるのかというのも非常に難しいところです。

皇室典範を改正するということは、皇室についてさまざまな考えの人がいる状況で、女性天皇や女系天皇についてなど、タブー視せずに広範かつ国民的な議論をし、象徴天皇のあり方を模索していくことにつながります。

もしかしたら、天皇陛下ご自身の真意には、そうした議論の行く末を見守りたいという思いがあって、国民に議論を投げかけるために生前退位に言及した可能性もあるかもしれません。

これは、わたしが忖度《そんたく》しているだけです。根拠のある話ではありません。ですが、ただ疲れたからやめたい、体力的にキツいというだけで提案したわけではないでしょう。それ以上の意味合いを持っての行動だったのではないでしょうか。

そして、それは国民一人ひとりにとっても、国のあり方や将来について考えるきっかけとしては十分すぎる問いかけだったようにも思います。

子ども以外が後継者になった歴史的事例

皇太弟は皇室典範のなかでは規定されていませんが、じつは歴史上、先例はいくらでもあるのです。ですから、皇太子の代わりに皇太弟を擁立するということは現実的な選択肢ではあるわけです。

そのほかにも、従兄弟《いとこ》など傍系が継ぐようなときは名前だけの皇太子として擁立します。

鎌倉時代の後半からは両統迭立《りょうとうてつりつ》といって、持明院統《じみょういんとう》と大覚寺統《だいかくじとう》の二つの系統から天皇に交代で即位する時期がありました。大覚寺統のほうから天皇が出ると、その次の天皇は持明院統から出ます。次期天皇はもちろん現天皇の息子ではありません。血筋そのものは濃いつながりはありますが、甥《おい》や従兄弟だったりするわけです。先例から考えると、天皇と皇太子が父親と子という関係性である必要はひとつもありません。兄弟の場合だけ皇太弟と呼ばれていただけなのです。

皇太子を置かない場合、皇太子がいない場合もあります。

めずらしい事例だと、第五十八代の光孝《こうこう》天皇のときには皇太子が不在でした。光孝天皇は五十五歳で急遽登極《きゅうきょとうきょく》して天皇になりましたが、そのときに皇太子はいなかったのですね。

光孝天皇の先代の第五十七代は陽成《ようぜい》天皇なのですが、光孝天皇はこの陽成天皇の大叔父にあたります。いってみれば傍流から皇位にのぼったのです。それで光孝天皇は陽成天皇の同母弟である貞保《さだやす》親王に気を使って自分の子どもはみんな臣籍に降下していました。陽成天皇に対して弟君の貞保親王が次の天皇におなりになるのが適当ですね、という姿勢を見せていたわけです。ですから、長いあいだ皇太子の地

図表⑦-1 歴代皇太弟

代	諡号	後継者	読み	続柄	立太子年	結果
50	桓武	早良親王	さわら	弟	781	廃太子
51	平城	神野親王	かみの	弟	806	嵯峨天皇
52	嵯峨	大伴親王	おおとも	弟	810	淳和天皇
61	朱雀	成明親王	なりあき	弟	944	村上天皇
63	冷泉	守平親王	もりひら	弟	967	円融天皇
68	後一条	敦良親王	あつよし	弟	1017	後朱雀天皇
70	後冷泉	尊仁親王	たかひと	弟	1045	後三条天皇
72	白河	実仁親王	さねひと	弟	1072	1085年没
75	崇徳	体仁親王	なりひと	弟	1139	近衛天皇
83	土御門	守成親王	もりなり	弟	1200	順徳天皇
89	後深草	恒仁親王	つねひと	弟	1258	亀山天皇
98	長慶	熙成親王	ひろなり	弟	1368	後亀山天皇
99	後亀山	泰成親王	やすなり	弟	不明	廃太子

図表⑦-2 親子・兄弟以外の立太子

代	諡号	後継者	読み	続柄	立太子年	結果
41	持統	軽皇子	かる	孫	697	文武天皇
44	元正	首王子	おびと	甥	714	聖武天皇
52	嵯峨	高丘親王	たかおか	甥	809	廃太子
53	淳和	正良親王	まさら	甥	823	仁明天皇
54	仁明	恒貞親王	つねさだ	従弟	833	廃太子
60	醍醐	慶頼王	よしより	孫	923	925年没
64	円融	師貞親王	もろさだ	甥	969	花山天皇
65	花山	懐仁親王	やすひと	従弟	984	一条天皇
66	一条	居貞親王	おきさだ	従兄	986	三条天皇
67	三条	敦成親王	あつひら	従弟の子	1011	後一条天皇
68	後一条	敦明親王	あつあきら	はとこ	1016	辞意→小一条院太上天皇
79	六条	憲仁親王	のりひと	叔父	1166	高倉天皇
91	後宇多	熙仁親王	ひろひと	従兄	1277	伏見天皇
93	後伏見	邦治親王	くにはる	はとこ	1298	後二条天皇
94	後二条	富仁親王	とみひと	はとこ	1301	花園天皇
95	花園	尊治親王	たかはる	はとこ	1308	後醍醐天皇
96	後醍醐	邦良親王	くによし	甥	1318	1326年没
		量仁親王	かずひと	はとこの子	1326	**光厳天皇**
北1	**光厳**	康仁親王	やすひと	8親等	1331	廃太子
北2	**光明**	成良親王	なりよし	7親等	1336	廃太子
		益仁親王	ますひと	甥	1338	**崇光天皇**
北3	**崇光**	直仁親王	なおひと	父の従弟	1348	廃太子
117	後桜町	英仁親王	ひでひと	甥	1768	後桃園天皇

太字は北朝天皇。結果欄に諡号があるものは即位したケース。　〈出典〉各種資料より編集部作成

位は空白のままでした。

ですが、光孝天皇は亡くなる間際になってようやく皇太子を擁立します。光孝天皇自身の意思だったのではなく、最初に関白《かんぱく》の職についた藤原《ふじわらの》基経《もとつね》の働きによって擁立されました。基経は当時の藤原氏を代表する政治家だったのですが、彼は光孝天皇の子どもで臣籍に降りていた源《みなもとの》　定省《さだみ》（のちの宇多《うだ》天皇）をもう一度、皇族に戻して、そして皇太子に擁立したという事例があるわけですね。

いってみれば、竹田宮《たけだのみや》さまが一般家庭の竹田さんになって、そのあと皇室に復帰して、最終的に天皇に即位するというケースに当てはまります。もちろん過去の先例をさかのぼって考えていった場合で、現在に適応すべきかどうかは、それこそ国民的議論が必要な問題です。

なぜ現代日本は「終身天皇」を必要としたのか

なぜ、明治時代以降の現代日本は終身天皇というあり方を定めたのでしょうか。
このことがいちばん大きな問題になるわけです。

ひとつの考え方として、わたしは「ついウッカリ説」というのがあるのかなと思っていました。

これは太平洋《たいへいよう》戦争が終わるまでの統計ですが、そのころの日本人の平均寿命は五十歳に達していません。現在は世界的にも有数の長寿大国の日本ですが、その当時の日本人の寿命は驚くくらい短かったのです。

要するに、皇室典範を定めたときには非常に平均的な寿命が短かった。ですから天皇陛下が公務に支障を来すような健康状況に陥っても、九十歳、百歳と長生きするというような事態をほとんど想定していなかった可能性があります。

仕事ができなくなる前に寿命で亡くなるケースがほとんどであるのなら、とくに意図もなく、ご存命でいらっしゃるあいだは、その天皇がまっとうするというふうに決めたのかもしれません。

明治天皇の前の第百二十一代の孝明《こうめい》天皇、その前の第百二十代の仁孝《にんこう》天皇も終身天皇でした。ですから、その当時に皇室典範を定めた際の肌感覚で考えると「終身天皇が普通かな」という考え方だったのかな、と。

ただ、そこまでウッカリしていたわけではないのかもしれないと思わせるケースもあります。第百八代の後水尾《ごみずのお》天皇です。後水尾天皇は当時にしてはめずらしく長生きで、亡くなったときは八十四歳です。そうすると、天皇が年をとって体が不自由になり、動けなくなってしまう可能性も考えていないとは言い切れませんね。そう考えると、天皇が長命であった場合も当然、想定していたはずです。その場合、どのような問題が起きるのかについても考えたことでしょう。

先述のように、天皇にとっていちばん大事なことは、やめる／やめない、そして、やめた場合に誰が次の天皇になるのかという問題が非常に大きいわけです。そういう際に政治利用されないようにするというのが皇室典範を作成する際の思想の本質だったのではないでしょうか。

それが意味するものは、皇室典範を策定したときに、明治政府をつくった元勲たちがどのような天皇像を求めていたのかということと関連しているわけです。天皇の位をめぐって政争が起きるようなことは絶対に防ぎたいという思いはあったはずです。

逆にいえば、もし「天皇は絶対である」という風潮が高まっていけば、法を超えて次の後継者は誰かを決める権利を行使しやすくなってしまうかもしれません。

図表⑧ 60歳を超えて在位した天皇一覧

代	諡号	読み	即位年	退位年	在位	生年	没年	即位年齢	退位年齢	没年齢	注釈
33	推古	すいこ	592	628	36	554	628	39	75	75	最初の女性天皇
37	斉明	さいめい	655	661	6	594	661	62	68	68	皇極天皇の重祚
49	光仁	こうにん	770	781	11	709	781	62	73	73	最高齢即位
50	桓武	かんむ	781	806	25	737	806	45	70	70	
104	後柏原	ごかしわばら	1500	1526	26	1464	1526	37	63	63	
105	後奈良	ごなら	1526	1557	31	1496	1557	31	62	62	
106	正親町	おおぎまち	1557	1586	29	1517	1593	41	70	77	
122	明治	めいじ	1867	1912	45	1852	1912	16	61	61	
124	昭和	しょうわ	1926	1989	63	1901	1989	26	89	89	最高齢崩御、最長在位
125	今上	きんじょう	1989	–	–	1933	–	57	–	–	2017年現在85歳

諡号は数え年。名前のアミカケは女性天皇。退位年齢のアミカケは生前退位（直後に崩御した例を除く）。
代・諡号・読み・即位年・退位年は皇統譜による。　〈出典〉各種資料より編集部作成

それを考えると、「死ぬまで天皇をやってください」と決めることは、天皇の後継者への任命権を制限する行為ともいえるわけですね。

天皇を絶対的な存在と規定しながらも、伊《い》藤《とう》博《ひろ》文《ぶみ》をはじめとする元勲たちは、どこか冷めた目も持っていたと思います。

ただ絶対視するのではなく、日本が近代国家として統合していくための第一の手段として、天皇という存在を国内に、さらに世界にアピールすることを考えていたわけです。

実際に旧皇室典範に退位規定を入れないように主張したのは伊藤です。

天皇の「すり替え」を恐れた明治政府

列強に負けない国をつくる、国を富ませて兵を強くする、そのためには日本をひとつにまとめないといけません。

それまでの日本は江戸幕府の統治のもとで各藩はバラバラで、ひとつの国家という意識は非常に弱かったわけです。その日本をひとつにまとめるためのシンボルとして、明治政府は天皇という存在を守り立てていこうとしていました。

後継者や天皇の地位そのものが政争の具になっていたことがあったのでしょうか。それについて考えると、江戸時代には天皇の地位をめぐって争いになったようなケースはほとんどありません。

明治維新のときには天皇のことを玉《ぎょく》と呼び、天皇を担ぎ上げたほうが官軍になるという価値観をつくりあげています。長州《ちょうしゅう》藩と薩摩《さつま》藩は江戸幕府を倒すためには官軍であるということを強く欲しました。このとき、岩倉具視《いわくらともみ》と大久保利通《おおくぼとしみち》らが朝廷に対して工作をして錦《にしき》の御旗《みはた》をつくりあげたといわれています。

その結果、長州藩と薩摩藩は官軍になって鳥羽《とば》・伏見《ふしみ》の戦いを優位に進めることができました。このとき、戦意はともかくとして、武力の豊富さや兵力の豊富さだけを考えると幕府側のほうが優位だったのです。ですが、錦の御旗を前にひるんだ幕府軍は後退を繰り返して敗北します。そのくらい官軍であるということは非常に都合のいいこと、ことを成功させるうえで重要な事柄になるわけです。

逆にいえば、明治政府としては、もう一度、朝廷の力や権限を担ぎ出されたくはないわけです。自分たちはそれによって成功したものの、同様のことを行われたくはないからです。天皇が政治利用されることを極端に恐れたはずです。

明治維新後の最大にして最後の内乱である西南《せいなん》戦争においても、西郷隆盛《さいごうたかもり》率いる賊軍側がなんらかの手段で天皇を戴くことができたら、西郷側が官軍になり、明治政府側が一転、賊軍になってしまう可能性があったわけです。

明治維新のときに敗北が続いていた旧幕府軍側が、上野《うえの》の寛永寺《かんえいじ》にいた皇族の北《きた》白川宮能久《しらかわのみやよしひさ》親王を先頭に押し立てて戦おうとしたこともありました。その試み自体はすぐに頓挫しましたが、誰もが簡単に思いつく政治利用だったわけです。ですから、終身天皇という形を制定したことは、そういう政治利用の場に引っ張り出される危険性を未然に防ぐ効用もあったはずです。

明治の元勲たちには天皇自身に権力を与えるつもりはなかったといわれています。実際問題としては、天皇が絶対であると一般大衆には布告しながら、本音としてはそれは方便でした。

戦前の天皇が「象徴」から「権威」に変わった瞬間

ところが、時代の進展とともに、その本音ではなく、建て前の理論武装が進み、天皇の絶対化や神格化が進んでいきます。そうすると、国自体がおかしくなっていきます。

長州出身の総理大臣で陸軍大将を経験した田中義一《たなかぎいち》は、一九三一（昭和六）年九月十八日に張作霖《ちょうさくりん》を爆殺した満州《まんしゅう》某重大事件、いわゆる満州事変のときに昭和天皇に激しく叱責《しっせき》されます。昭和天皇は軍部の暴走を戒めようと思ったのです。

田中は昭和天皇から、

「いったい、これはどういうことなのか！」

「お前はウソをついているのではないか」

そうつめ寄られます。

そこからの田中の行動には二つの説があります。

ひとつは、不忠者と呼ばれたことに恐縮し、自宅にすぐ逃げ帰って布団《ふとん》にくるまり、ガクガクブルブル震えて死んでしまったという説。

もうひとつは、自暴自棄になり、酒をガブガブ飲んで女遊びをした結果、死んでしまったという説。

どちらが本当かはわかりません。ですが、長州閥出身の田中ですら天皇を絶対視して、精神的に追いつめられてしまったわけです。

明治維新から年を経るごとに、明治維新の元勲たちが持っていたような天皇に対する冷めた視点というのはなくなってきてしまったのです。

昭和初期の指導者たちは、むしろ天皇を絶対化する教育を受けてきた世代ですから、神聖視してしまい、政治的なバランスのいい視点を持つことはできなかったわけです。その部分は第二次世界大戦時の指導者たちの視野が狭くなる原因をつくってしまったところなのかもしれません。

明治の元勲たちの失われた天皇観

明治維新を行って新政府をつくった元勲たちは、別に高尚な人格者などではありません。山県有朋《やまがたありとも》や井上馨《いのうえかおる》が有名ですが、政府を私物化し、出入りの商人と組んで多くの汚職事件を起こしています。

ですが、明治政府には、これまでの日本の権力者たちと異なる姿勢がひとつだけあります。それは、唯一、世襲をしなかった政府という点です。自分たちの権力を直接的に子孫たちに移譲はしませんでした。

なぜ、世襲をしなかったのか。それは彼らなりに日本の国をどう繁栄させるかを真剣に考えていた結果なのだと思います。

その明治政府において唯一、世襲を認められた存在が天皇でした。

当時の政府首脳は天皇のもとに日本をまとめて統一国家をつくろうと思っていました。それまでの日本はバラバラで、徳川《とくがわ》将軍家と約三百諸藩の集合体にすぎません。それをひとつの国としてまとまって立ち向かわないと、日本をあわよくば植民地に組み込もうと思っている欧米の列強諸国には太刀打ちできません。幕末に一藩だけで諸外国を相手に戦争をした長州や薩摩の出身者たちは、より強く思ったことでしょう。

そのために、政府はかなり苦心しました。維新後にヨーロッパを視察した際に、伊藤博文はヨーロッパ諸国がキリスト教によって一枚岩になっていることを学び、日本においてキリスト教の位置づけを担えるものは何かを考えていたといいます。

その答えが日本における天皇でした。神道《しんとう》を推奨し、天皇家が古くから続く万世《ばんせい》一系《いっけい》であることを強調するなど、国民のあいだに天皇家の重要性を認識させ、アイデンティティを植えつけようとしたわけです。

ですから、明治時代から第二次世界大戦で敗れるまでが、最も日本人が天皇についてくわしく学んだ期間にあたります。いまも戦時中の教育を受けていた高齢者のみなさんのなかには、歴代の天皇をすべて諳《そら》んじることができる人もたくさんいます。学校で覚えさせられたからです。

明治時代以前は、ほとんどの日本人は天皇の存在を意識せずに暮らしていました。京都周辺であれば多少は意識したでしょうが、普段の生活のなかで意識することはありません。徳川将軍家や藩主の存在を知ってはいても、天皇の存在そのものを知らなかった人も多かったはずです。

明治政府は何も知らない多くの日本人に天皇の重要性を教え、日本という国に統一感を植えつけることに成功しました。国民のあいだに統一感を養う面では成功しましたが、その一方で、安易なナショナリズムや優越意識もつくり、その結果、勘違いがひとり歩きしていきます。

最終的にはその優越意識が前面に出て、わが国こそは最も貴い国だと思って諸外国を侵略し、世界中を敵に回しての戦争に突入していくわけです。明治の元勲たちの持っていた冷めた視点を失ってしまったわけですね。

日本が韓国を併合するにあたっても、伊藤などは「本当にいいのだろうか」と疑義を呈していたようですし、そういうバランス感覚が明治の元勲たちにはありました。ですが、その第二世代、第三世代になると建て前を妄信してしまい、あやまちを犯すわけです。

「天皇機関説」から見た天皇の位置づけ

天皇がどのような位置づけであったのかについて考える場合、天皇機関説という美濃部達吉《みのべたつきち》の提唱した考え方があります。

天皇機関説というのは、法人としての国家があるとすれば、天皇はそのなかの機関のひとつとして捉えられるという、きわめて客観的な見方をした学説です。ですから、天皇の絶対性は存在しないということを美濃部は主張しました。

それに対して、同じ東大のなかでも意見は分かれます。憲法学者の上杉慎吉《うえすぎしんきち》をはじめとして、美濃部に対して「それは違う」と批判の声を上げた学者もいました。「天皇は絶対である」ということを主張したわけです。

学問の世界のなかでは天皇機関説のほうがはるかに支持者が多く、主流といってもいい立場でした。ですが、軍部の台頭が進み、日本の軍国主義化が進むと、状況は徐々に変わっていきます。

敗戦の十年前の一九三五（昭和十）年には天皇機関説は発禁処分を受けてしまいます。このころになると言論をめぐる状況も閉鎖的になり、国家の雰囲気はだいぶ変わってきました。

結局、美濃部はみずから唱えた天皇機関説を公には発言できなくなってしまいます。学会でも追いつめられていくわけです。天皇機関説は戦中に弾圧もされますが、このように、ある程度、客観的な見方をする知識人もたくさんいたのです。

こうした経緯を踏まえて、なぜ現代日本が終身天皇を求めたのかについて考えると、やはりウッカリ説ではなく、政争の具になる可能性を減らし、神聖化するために終身天皇を求めたということがいえるでしょう。

しかし、それはあくまでも政治権力とは切り離したうえでの神聖なものにすべきであると、明治政府の元勲たちは考えていたはずです。

世界の王室における「生前退位」とは

世界の独立国家には二十七の王室が存在しています。現存する王室で最も長い歴史を持つのは日本の皇室。少なくとも六世紀以前までさかのぼることができます。それに次いで、十世紀までさかのぼることができるデンマークの王室があります。

イギリス連邦加盟国のうち、カナダ、オーストラリアなど十五カ国がイギリス国王を元首とする立憲君主制をとっています。各国は独自の意思でイギリス国王個人を自国の国王に選んでいる完全な独立国です。

カナダにおいてエリザベス二世は、あくまでも「カナダ国王」という位置づけであって、「イギリス国王」として君臨しているわけではありません。

各国には国王の権能を代行する総督が置かれていますが、これはイギリスから派遣されているわけではありません。

フランス革命以降、革命によって君主制が廃止されるようになり、一九一一年には辛亥《しんがい》革命によって清《しん》が倒れると、初めてアジアでも革命によって君主制が廃止されました。十九世紀までは少なかったですが、二十世紀に入ると革命やクーデター、国民投票などによって君主制を廃止する国がそれまでより大幅に増えます。

二十一世紀に入ってからも、ネパールにおいて王制が廃止されるなど、世界的には君主制を廃止する流れがあるわけです。その一方で、一九七五年にスペイン、一九九三年にカンボジアで王政復古も起きています。

日本にかぎらず、世界の王家の退位事情について考えると、ひとことでいうと、どんどん生前退位をしています。これまで生前退位がタブーになっているのは、二〇一六年十月十三日に亡くなったタイのプミポン国王（ラーマ九世／プミポン・アドゥンヤデート国王。一九四六年六月九日より在位）くらいらしいです。

プミポン国王は八十八歳と高齢でした。国民からの尊敬も集め、とても慕われていた国王でしたが、皇太子にあたる立場のワチラロンコン王子（現・ラーマ十世）に対する国民の人気がどうもないのです。むしろ妹のシリントン王女のほうが非常に国民から人気があるそうです。

タイにおける国王の立場はとても興味深く、タイは頻繁に軍がクーデターを起こすのですが、クーデターが起きるたびにプミポン国王が出てきて「まぁまぁまぁ」と軍をなだめて調停する。そうすると、国王に敬意を払っているためでしょうか（内実は複雑でしょうが）、軍も矛先を収めるのです。ですから、プミポン国王はタイ国内でもとても人気があり、敬意を持たれていました。それで国王の退位問題がある種、タブー視されていたようなのです。

長く皇位にいるといえば、イギリスのエリザベス二世女王ですね。彼女ももちろん制度的にはいつでも退位はできます。ですが、なぜかしません。

イギリス王室はスキャンダルが非常に多く、良くも悪くも国民の関心の的になっています。順当にいけば、エリザベス女王の次はチャールズ皇太子ですが、それを飛び越えて、本当はチャールズ皇太子と故ダイアナさんの長男であるウィリアム王子に女王は王位を譲りたいのではないかと観測する向きもあるほどです。

このウィリアム王子は若くて、すごくイケメンです。最近、どんどん頭髪がなくなってしまいましたが、国民のあいだでは人気は根強いようです。

イギリス以外のヨーロッパの王室は、みんな生前退位して息子、あるいは娘に王位を譲っているケースがほとんどです。基本的には第一子に譲位しますし、女王が即位することにも問題はありません。ほとんどの王室では生前退位が当たり前なのですね。

それはなぜか。これも何度も言及している話ですが、やはり自分の後継者を存命中に確認して、皇位の安定的な継承を見届けたいからです。

第二章

天皇にとって「退位」とは何か

じつは「終身天皇」のほうがめずらしかった

意外に思われるかもしれませんが、実在が確認されている天皇のほとんどは生前退位しています。現在のような終身天皇のほうがめずらしいケースでした。終身天皇に目を向けたほうが、生前退位についての理解が深まるかもしれません。本章では、そのことを前提に話を進めていきます。

天皇の系図や歴代天皇の在位年、生没年については巻末付録をごらんください。歴代の天皇について言及していくうえで取り上げるとしたら、やはり第一代から第九代くらいまでは実在自体が危ぶまれているので、第二十九代の欽明《きんめい》天皇あたりから取り上げていきたいところです。

この時代というのは聖徳太子《しょうとくたいし》が登場する少し前で、蘇我《そが》氏などの有力豪族が存在して大王《おおきみ》の存在を脅かしていたころになります。

聖徳太子が本当に実在したのかどうか、また大化《たいか》の改新《かいしん》が本当にあったのかどうか、最近の研究ではそのようなことも検討の対象とされていますが、天皇のありようが非常に不安定なのですね。

わたしの感覚としては、京都に都が移ってからの第五十代あたりからなら、天皇のあり方が現在に近いというか、天皇という存在が安定した時期だと思うのです。そのあたりから解説していきたいと思います。

歴史上、初めて生前退位したのは第三十五代の皇極《こうぎょく》天皇です。皇極天皇は女性天皇です。ですから、皇極天皇を語ることによって女性天皇についても言及していきます。

この時代の女性天皇で生前退位をしていない人はわずか二人。第三十三代の推古《すいこ》天皇と、第四十八代の称徳《しょうとく》天皇だけです。一方、生前退位した天皇は皇極天皇、第四十一代の持統《じとう》天皇、第四十三代の元明《げんめい》天皇、第四十四代の元正《げんしょう》天皇です。

女性天皇は本来の天皇ではなく、中継ぎ、リリーフ的な天皇で、本格派ではなかったのですね。これは否定しようがない。ですから、天寿をまっとうするまで天皇であるというケースはあまりなかったようです。ほかの女性天皇としては、第四十五代の聖武《しょうむ》天皇の次、第四十六代の孝謙《こうけん》天皇がいらっしゃいますが、この方は二度皇位についていて、称徳天皇と同一人物です。

初めて「生前退位」した男性天皇が抱えた事情

では、男の天皇で生前退位したのは誰なのか。それは第四十五代の聖武天皇が初めてです。

なぜ、聖武天皇が生前退位したのかというと、それは非常に簡単な問題です。聖武天皇には後継者となる男の子がいませんでした。子どもはみんな女の子だったのです。ですから、その女の子である、のちの孝謙天皇が自分の後継者であることを示すために生前退位したわけです。後継をはっきりする意味合いがあったのですね。

第四十七代の淳仁《じゅんにん》天皇。この人は生前退位をしたというより、第四十六代の孝謙天皇が重祚《ちょうそ》して称徳天皇として即位するために退位しました。このときは弓削《ゆげの》道鏡《どうきょう》の登場によって孝謙上皇《じょうこう》と道鏡、淳仁天皇と藤原仲麻呂《なかまろ》の両陣営が対立して政争になりました。結局、藤原仲麻呂の乱で仲麻呂が敗れると、孝謙上皇は皇位に復帰するのです。

第四十九代の光仁《こうにん》天皇ですが、この人は即位が遅く、はじめから高齢の天皇でした。やはり、女性天皇と同じように高齢の天皇も中継ぎ的な意味合いが強く、本格政権になっていないケースが多いですね。

高齢天皇の例としては、光仁天皇のほかにも、第五十八代の光孝天皇がいます。光孝天皇が即位したのは五十四歳で、やはり中継ぎ的な意味がありました。そのわりには、光孝天皇の場合は結局、亡くなるまで皇位にいましたが、在位期間はわずか三年だったのです。

第五十代くらいまでの歴代の天皇を見ていると、生前退位が行われているケースは、やはり女性と高齢天皇の場合が多いのです。しかるべき人が無事に即位できる時期になれば生前退位をして譲位をすることが前提に近い状態で即位したわけです。

生前退位をした男性の天皇で、しかも成人してから譲位しているというと、第四十五代の聖武天皇や、第四十九代の光仁天皇が当てはまります。この人たちが生前退位した理由は政治がらみ、後継者の選出がらみです。やはり、後継者を自分の意思のあるうちに早めに決めたかった。そのための手段として生前退位が行われていたわけですね。

藤原氏の台頭と、いったん民間人になった天皇

ここからは、第五十代よりあとの天皇のケースについて紹介していきます。

まずは、第五十代の桓武《かんむ》天皇です。この人は仕事熱心だったため、最後までまつりごとを取り仕切っていました。これは異例中の異例です。ですから、亡くなるまで天皇でした。

桓武天皇以降からは生前退位が当たり前になってきます。このころから、有力な貴族である藤原氏との関係が天皇の継承に影響していきます。

藤原氏は自分の娘を天皇の妻にして、藤原氏の血を引いて生まれてきた子どもを即位させたいと考えていました。外戚として振る舞うことによって権勢を高めようとしたわけです。

第五十五代の文徳《もんとく》天皇は、藤原氏との関係のなかで、皇太子が幼少であるために、「もうちょっと、もうちょっと」と在位期間が長引いてしまい、退位できませんでした。結局、在位のまま亡くなってしまいます。

当時、台頭してきていた藤原北家《ほっけ》は藤原氏の本家にあたるわけですが、その藤原

北家との兼ね合いのなかで、最後まで天皇をやっていたのです。

第五十八代の光孝天皇は、その一代前の天皇が陽成天皇です。陽成天皇は藤原氏の血筋を引いていますが、統治能力にかなり問題があり、混乱を引き起こしていました。本来なら藤原氏としては天皇に担ぐにはいい血筋でしたが、宮中での殺人への関与を噂《うわさ》されるなど、ちょっと問題があったわけです。

陽成天皇が退位すると、その段階で五十五歳だった光孝天皇が急遽登極しています。光孝天皇の即位は、この本で具体的に取り上げるにはちょうどいいケースだと思います。

光孝天皇の後継は第五十九代の宇多天皇になりますが、先述のように、この宇多天皇はいったん臣籍に降下していて、源定省を名乗っていました。ですが、立太子する前に光孝天皇が重体に陥ったため、慌てて親王に立てられたのです。

これは、当時の藤原氏の権力者であった藤原基経が、光孝天皇の内意が陽成天皇の同母弟で当時の天皇家の嫡流である貞保親王ではなく源定省にあるとして、朝廷の議論をリードして押し切ってしまったのです。

第六十二代の村上《むらかみ》天皇のときにも、藤原氏の影響力を鑑みて後継者が決まっています。村上天皇にはたくさん子どもがいましたが、どうしても藤原氏の血を色濃く引いている皇子を皇太子にしなくてはなりませんでした。

村上天皇の後継で第六十三代の冷泉《れいぜい》天皇は第二皇子でしたが、母親は藤原師輔《もろすけ》の娘の中宮安子《ちゅうぐうあんし》です。ですから、異母兄の広平《ひろひら》親王を押しのけて、生後まもなく立太子されました。当時の権力者の藤原実頼《さねより》、師輔の兄弟の力が働いていたと思われます。

ですが、この冷泉天皇はあまりいい素行の持ち主でなかったようです。さまざまな奇行を残したことが言い伝えられています。ですから、村上天皇は本当はあまり冷泉天皇に皇位を譲りたくなかったようです。それで結局、在位したまま亡くなってしまい、冷泉天皇が即位しました。

第七十代の後冷泉《ごれいぜい》天皇は結局、子どもができませんでした。このままいくと、母親が藤原氏ではなく第六十七代の三条《さんじょう》天皇の娘である弟の尊仁《たかひと》親王（のちの後三条《ごさんじょう》天皇）が即位する可能性が高まってきます。

当時の藤原氏の権力者は藤原頼通《よりみち》です。後冷泉天皇はその頼通の娘の寛子《かんし》を皇后としていました。頼通はひとり娘の寛子に皇子誕生の望みをかけ、念願の子どもが生まれた場合には皇太弟の尊仁親王と交代させようとして皇太弟を冷遇します。ですが、ついに寛子に皇子は生まれませんでした。

後冷泉天皇の崩御によって、藤原氏を直接の外戚としない尊仁親王が第七十一代の後三条天皇として即位することになります。

「天皇」と「上皇」の関係はどんなものだったのか

後三条天皇の即位は、これまで藤原氏を中心に行われてきた摂関《せっかん》政治から院政へと大きな変化をもたらします。

平安時代を通じて皇位継承の安定が大きな政治課題とされていました。

後三条天皇は宇多天皇以来、摂関家の藤原北家を外戚に持たない百七十年ぶりの天皇になりました。これによって、以降、外戚の地位を権力の源泉としていた摂関政治は揺らいでいきます。

一〇七二（延久《えんきゅう》四）年、後三条天皇は第一皇子の貞仁《さだひと》親王（のちの白河《しらかわ》天皇）へと生前退位しますが、その直後に病没してしまいます。後三条天皇は院政を開始する意図を持っていたとする見解が唱えられますが、その一方で、病気のために生前退位を急いだという説もあります。

後三条天皇自身は院政を行っていませんが、藤原氏の影響力から離れられたことによって院政が開始される土壌ができたわけです。

以降は突然の死以外の場合で天皇を終生やっていた人は出てきません。死ぬまで天皇でいた人は、若くして亡くなったり、不慮の死で急逝したりした場合と、経済的に苦しかった戦国の天皇たちにかぎられていきます。第百二十代の仁孝天皇のあとから、やっと生前退位していない天皇になるわけです。

ですから、桓武天皇以降は生前退位するのがほとんどなのです。むしろ、その時代は生前退位しないほうがおかしいくらいだったわけです。

なぜ、生前退位が当たり前なのか。それにはどういう理由があったのかを考えると、院政のなかでは上皇の力がものすごく強いからです。

その上皇が権力を握り続けるためには、自分の影響下にある子どもや孫を次々と皇位につけることによって自分の権力をしっかり確保していくわけです。今度はその手段として生前退位が使われていきました。

図表⑨ 歴代院政の一覧

上皇・法皇名	時期	院政中の天皇	天皇の代
白河	1086～1129	堀河、鳥羽、崇徳	73～75
鳥羽	1129～1156	崇徳、近衛、後白河	76～77
後白河	1158～1179 1181～1192	二条、六条、高倉、安徳、後鳥羽	78～82
高倉	1180～1181	安徳	81
後鳥羽	1198～1221	土御門、順徳、仲恭	83～85
後高倉*1	1221～1223	後堀河	86
後堀河	1232～1234	四条	87
後嵯峨	1246～1272	後深草、亀山	89・90
亀山	1274～1287	後宇多	91
後深草	1287～1290	伏見	92
後宇多	1301～1308 1318～1321	後二条、後醍醐	94・96
伏見	1298～1301 1308～1313	後伏見、花園	93・95
後伏見	1313～1318 1331～1333	花園、**光厳**	95・北1
光厳	1336～1351	**光明、崇光**	北2・北3
後光厳	1371～1374	後円融	北5
後円融	1382～1393	後小松	100
長慶	1383～1385	後亀山*2	99
後小松	1412～1433	称光、後花園	101・102
後花園	1464～1470	後土御門	103
後水尾	1629～1643 1663～1669	明正、後光明、後西、霊元	109～112
霊元	1687～1693 1709～1717	東山、中御門	113・114
東山	1709	中御門	114
桜町	1747～1750	桃園	116
光格	1817～1840	仁孝	120

太字は北朝天皇。*1:天皇歴なし。院政開始当初から法皇。*2:異説あり。　〈出典〉各種資料より編集部作成

精力的に院政を行った上皇といえば、第七十二代の白河上皇、第七十四代の鳥羽《とば》上皇、第七十七代の後白河《ごしらかわ》上皇、第八十二代の後鳥羽《ごとば》上皇の四人になります。この人たちが自分の権力を盤石なものにするために、あるいは自分が大好きな子どもや孫にあとを継がせたいということで、主体になって生前退位を行っていました。ですから、この当時の生前退位は天皇自身の意思ではありませんでした。

これは桓武天皇以降の天皇についていえることですが、生前退位をする場合、摂関政治の場合は藤原北家の意向が、院政の場合は上皇の意思がものすごく強く関係しました。天皇自身の早く退位したいなどの意向が反映されることは、ほとんどありませんでした。

ここで大事なのは、上皇と天皇はどっちが偉いのか、という問題です。みなさん、どちらだと思うでしょうか。

答えは上皇です。院政の時代は明確に上皇のほうが天皇より偉いという状況がありました。

なぜ、上皇と天皇のどっちが偉いのかが明確だったのか。それは、宮中で上皇と天皇が道で行き違ったときに、どちらが頭を下げるかというと、天皇のほうが頭を下げるからです。これでは最大の権力者ではありませんね。

あるいは、行幸の際もそうです。天皇が上皇のところに行くのか、上皇が天皇のところに行くのか、どちらがご機嫌伺《きげんうかが》いに行くのか。これはやっぱり天皇が自分のお父さんやおじいさんである上皇のもとにご機嫌伺いに行くという形だったのです。権力を握った上皇のほうが天皇より偉いわけですね。

いまの感覚で考えると、たとえば会社の会長や社長などの序列について考えた場合、システム的にどちらが上のクラスにいるのかということを優先し、どんなに年が上でも、相手のほうが社内的な序列が上であれば、年下の人に頭を下げるわけです。あるいは、どんなに先輩であっても、後輩が社長になった場合は、その命令に従うのは当たり前のことです。聞かざるをえませんし、そういうしくみを前提にいまの世の中は動いています。

ですが、当時はそういう上下関係より血縁のほうが強いわけです。天皇の皇位より、あくまでも父親であり、おじいさんである上皇を立てなくてはいけない、そういう世の中であるといえるだろうと思います。

なぜ、生前退位をするのかということになると、さっきいったように、摂関政治の場合は藤原北家の都合が、院政の場合は上皇の意思、極端にいえば上皇のわがままが通ったわけです。

鎌倉時代に定番化した「生前退位」

これが鎌倉時代になるとどうなるか。

鎌倉時代末期には天皇家が持明院統と大覚寺統という二つの系統に分かれてしまっています。いわば天皇家内での争いが起きていました。

このときは、持明院統の天皇が就任しているときには持明院統の上皇が力を持ち、大覚寺統の天皇が就任しているときには大覚寺統の上皇が実権を握ることができました。まさに皇位のゆくえが政治的に非常に重要だったわけです。誰が天皇になっているのかで、その天皇のお父さんやおじいさんが上皇として権力を握ることができるからです。

なぜ、両統迭立が起こって大覚寺統、持明院統というように天皇家が分裂してしまったのか。わたしは、その背景には鎌倉幕府というまったく異なる立場の権力が天皇家に対して影響を与えていたからだと思います。

武力に依拠する統治を行っていたのが鎌倉幕府です。それは強力な権力でしたが、彼らからすると、伝統に支えられた天皇家はいまだ厳然たる脅威だったのでしょう。それならば二つに割ってしまおう。お互いを争わせよう。そのうえで鎌倉幕府はその両方に対して影響力を発揮していく。それが都合がいいのです。

これが鎌倉時代中期から後期にかけての天皇家のあり方でした。この両統の対立はそのまま南北朝時代に持ち越され、持明院統側は北朝、大覚寺統側は南朝に受け継がれていきます。

大正時代に作成された皇統譜には南朝の天皇が正式な天皇だと記載されています。ですが、それまでの時代を考えると、あくまでも正式な天皇は北朝なのです。北朝の天皇が普通に正式な天皇と考えられていました。

北朝の天皇も生前退位を行っています。そこでもいろいろな争いは起きていますが、生前退位は前代と同じく行われていました。このときには朝廷が何より重んじた先例として生前退位が定着しています。鎌倉時代は平安時代からの先例として生前退位が普通に定着している状況になっていたわけです。

ですから、皇位をめぐる争いが起こるたびに、それを定める手段として生前退位が当然のこととして繰り返されていくのです。

「生前退位」が許されなかった戦国の天皇

生前退位が当たり前になっていくなかで、生前退位がまったくできなくなった時期もありました。第百三代の後土御門《ごつちみかど》天皇、第百四代の後柏原《ごかしわばら》天皇、第百五代の後奈良《ごなら》天皇の三人の天皇です。三人とも生前退位をすることなく、死ぬまで天皇としての務めをまっとうしました。

それはなぜなのか。これは聞くも涙、語るも涙になりますが、この三人の時代が日本の歴史上において、おそらく最も天皇家が経済的に苦境に立たされていたからです。

最初の後土御門天皇の在位期間は一四六四（寛正《かんしょう》五）年から一五〇〇（明応《めいおう》九）年の約三十四年間になります。この時代の日本がどのような状況だったのか。応仁《おうにん》・文明《ぶんめい》の乱《らん》（一四六七～一四七七年）の勃発によって国は乱れ、とりわけ戦場であった京都は長引く戦いによって荒廃しました。応仁・文明の乱によって、もともとあまり強くなかった足利将軍家の力はさらに衰退し、中央政府の力は弱まります。

足利将軍家の保護を受けていた朝廷も経済的に困窮します。これまでの朝廷の家来たち、つまり貴族たちは、みんな京都では生活ができないから、富裕な大名《だいみょう》を頼って地方へ移ってしまい、天皇のまわりにはほとんどいなくなってしまいました。いわゆる貴族の都落ちです。

このとき地方に貴族が庇護《ひご》を求めて移ったことによって、文化が地方へと波及していきます。なかでも前関白の一条教房《いちじょうのりふさ》は領地の土佐国《とさ》（現・高知県）へと旅立ち、中村《なかむら》に定住します。そのことによって、中村は小京都と呼ばれるほどに文化的に発展します。

周防国《すおう》と長門国《ながと》（ともに現・山口県）の有力な大名であった大内氏《おおうち》もさかんに貴族を保護したため、山口も西の京都と呼ばれるほどに文化が発展しました。

織田信長と豊臣秀吉の出現で復活した「生前退位」

これまでは室町幕府を開いた足利家が朝廷の最大のスポンサーでした。ですが、その幕府が傾いたため、いわばスポンサー不在の時代が始まってしまったのです。室町幕府にはまったくお金がなく、下克上の時代は天皇家にも甚大な影響を与えました。

この状況において、後土御門天皇以下三人の天皇たちは、スポンサーがまったくいない、家来である貴族たちもみんな京都を捨ててしまい、生前退位をしたくともできないと、三重苦とも呼べる状況にあえいでいました。生前退位すると新しい天皇が即位するわけですから、その資金の工面ができなくなってしまったわけです。

この状態に終止符を打つのは、第百六代の正親町《おおぎまち》天皇の時代に織田信長《おだのぶなが》という経済的な庇護者が現れたからでした。

現在の信長のイメージは、豊臣秀吉《とよとみひでよし》や明智光秀《あけちみつひで》をはじめとする優秀な部下を登用して、その武力と経済力によって戦国時代を終わらせようとした人、まさに改革者であり、風雲児のイメージです。

ですが、じつは明治時代には、信長は勤王、いわゆる朝廷の復興に努力した人物として評価されていました。

けれども、わたしは思うのです。天皇家は万世一系で栄えてきましたが、最もピンチだったのは、信長が登場する前後の時期だったのではないでしょうか。

信長は天皇家を途中までは大切にしましたが、寺社勢力の総本山である比叡山《ひえいざん》と徹底して対決したことからもわかるように、権威や伝統に対しては根底のところで反発心を持っていました。最初は京都にみずからの権威を確立するために足利将軍家を利用しましたが、最終的には追放しています。

そのことからもわかるように、信長が天下を統一することに成功していたら、天皇家の存在を疎んじていた可能性はおおいにあります。

信長のあとに覇権を握った秀吉は朝廷を必要として重んじました。朝廷を利用することによって、自分が関白として政治の実権を握る道を選んだからです。秀吉が就任した関白は、あくまでも天皇をサポートする立場の役職です。それにはやはりスポンサーになるしかありません。

ですが、秀吉もどこまで貴族の存在を認めていたのかはわかりません。

卑近なたとえですけれども、秀吉は大変な女性好きでした。しかも秀吉は身分の高い女性が好きだったのです。彼の側室は淀殿《よどどの》や松《まつ》の丸《まる》殿（武家の名門・京極《きょうごく》家の出身）など身分の高い女性ばかり。しかし、そのわりに貴族出身の側室は持ちませんでした。これは秀吉が根底では貴族や朝廷を受け入れるつもりがなく、憧れを抱いていなかった証拠だったのではないでしょうか。

やはり、彼の朝廷への接し方は、心からの敬意や尊王ではなく、自分の権力基盤を構築するための手段として割り切っていたように思えるのです。

政治権力と無関係になった江戸時代の皇位

豊臣秀吉没後の権力者は徳川家康《いえやす》です。

家康は、いってみれば上方《かみがた》、京都と絶縁し、江戸に幕府を開いて日本の中心を東国に持ってきたわけです。これは、伝統的な上方、先進地域である京都や大坂《おおざか》と距離を置くという行為でもあります。

家康は朝廷の伝統にほとんど興味を示しませんでした。敬して遠ざける、いわゆる敬遠する。これほどぴったりの言葉もありません。

家康は禁中並《きんちゅうならびに》公家諸法度《くげしょはっと》をつくり、天皇や公家がやるべきことは学問であると「上から」規定して役割を与えていきます。天皇という存在をまったく評価せず、重要視していません。

家康は保守主義者というか、信長のような急進的な改革思想の持ち主ではありません。ですから、天皇を否定しようとはまったく考えなかったでしょう。ただし、天皇の存在自体は認めても、そこにそれほど費用を出したり、過剰な敬意を示したりはしませんでした。必要最低限の援助しかしません。

一万石以上を領有するのが大名と呼ばれる上級の武士。彼らは三百人くらいいました。これに対して貴族は摂関家でも五百石くらいしかもらえなかったのです。これでは将軍家に仕える御家人《ごけにん》と変わらない位置づけです。

この場合の御家人とは将軍の家来の総称ではありません。大名の下に旗本《はたもと》がいて、さらにその下が御家人です。ですから、貴族は将軍に仕える旗本にもおよばない。その下の御家人クラスであるという位置づけだったわけです。

この時代には生前退位は普通に行われています。それがやはり先例として積み重ねられることになるわけです。なかには、たとえば第百八代の後水尾天皇のように幕府とやり合う天皇も出てきました。ですが、それはめったにいないレアなケースで、天皇は基本的には幕府の指示に従順に従っています。

この時代には天皇の権力は無力化され、江戸幕府がすべての権力を集中して持っていたわけです。領地も将軍家から施されていたわけですから、経済的にもまったく自立していません。

その状況で、天皇のもとに残された権限は、たった二つだけでした。

ひとつは改元、年号を変える権限です。

そして、もうひとつは暦《こよみ》を制定する権限です。しかも、暦の改定は五代将軍の綱《つな》吉《よし》の時代に渋川春海《しぶかわはるみ》という天文学者が出てきて、暦を貞享暦《じょうきょうれき》という和暦に切り替えてしまいます。これによって幕府発で暦や天体を見る方法をつくってしまうわけです。

結局、天皇独自の権限というものは、ほとんどなくなってしまいます。

「生前退位」の四つのパターンと、その終焉

そのなかで、生前退位は先例に沿って行われていますが、第百二十代の仁孝天皇のときからは、一度即位すると終生天皇であるという位置づけがなされるようになりました。おそらく、すでに江戸幕府が朝廷に対して、わざわざ介入するほどの価値を認めていなかったからだろうと思います。もう存在価値も現実の権力も江戸幕府のほうがはるかに上で、天皇や朝廷がどうあろうと、天下の政道が揺らぐことはないと思っていたのかもしれません。

これまで生前退位について分析をしてきて見えてきたものとして、以下の四つのパターンが挙げられます。

①摂関政治のなかで対藤原氏対策として退位するケース。
②天皇家のなかの争いで後継者を定めるために退位するケース。
③武家や幕府の影響で退位を求められるケース。
④女性や高齢者が中継ぎ的に即位し、後継者が定まると生前退位するケース。

この章の終わりに、最後に生前退位した第百十九代の光格天皇について触れておきます。

民間出身の母を持つ光格天皇は熱心に皇室改革をしたといわれています。それまでの場合では、天皇がこの娘を妃《きさき》にしたいと見初めた場合、その人を妻にするには、きちんとした処遇を与えるために、出世魚のように、まずこの家の養女になり、そこからさらにこちらの家の養女になりと、段階を踏んで手続きをしていけば、皇室に見合う家格の家の出身にできるわけです。形式だけとはいえ、そういう形を整えることは、さほど難しくありません。

ですが、光格天皇のお母さんの場合は、そのような段階を踏んだ手続き自体も面倒くさいから、やめてしまったということでしょう。

第三章

天皇にとって「お務め」とは何か

みずから鷹狩りを行った古代の大王

本章では、各時代における天皇の役割についてお話ししたいと思います。ここでは、現在の象徴天皇制にふさわしい表現として、便宜的に「お務め」としました。一部、第二章の繰り返しになっている部分もあると思いますが、本章では別の角度から説明していきます。

天皇の実体は、まず何より日本の王様です。王様が実力で日本の国土を支配していたわけです。王様としての中身を有する天皇という存在は、古代においては、みずからが軍事も政治も先頭に立ってやっていました。そのことは、すごく重要です。現在の天皇のように生々しい権力を持っていない状況は、過去の天皇すべてに当てはまるわけではないのです。

調べてみて、わたしが興味深く思ったのは、第五十二代の嵯峨《さが》天皇です。嵯峨天皇は鷹狩《たかが》りが大好きでした。山野を駆けめぐって、みずから狩りをしていたのです。徳川家康が有名ですが、戦国時代の武将たちが好んでいたように、鷹狩りは軍事行動の予行演習のような側面があります。

しかも、天皇みずから先頭に立って殺生を行うわけです。血気さかんなところがあったわけで、軍事的な行為においても天皇が名実ともにリーダーであった時期があったことがわかります。

大和朝廷《やまと》が成立するまでのあいだに近畿《きんき》地方の諸豪族を討ち滅ぼすことで、天皇はもともとその実力で、武力においてほかの豪族より高い地位に上がったわけです。ですから、その地位のことを王様のなかでも大きな王様、大王《おおきみ》という名前で呼ばれるようになったのです。

実際に実在が確認されている天皇はどのあたりからか、という話ですが、初代の神武《じんむ》天皇から第九代の開化《かいか》天皇のあたりまでは神話の領域であり、おそらく実在しなかったであろうといわれています。

古代の大王の「権威の源泉」とは

研究者のなかでもいろいろな説に分かれますが、第十代の崇神《すじん》天皇はなんらかの形で実在したという説があります。崇神天皇以降の天皇は存在したという意見は少なくありません。

第二十六代の継体《けいたい》天皇は第十五代の応神《おうじん》天皇から五世の子孫といわれています。天皇家と血はつながっていますが、少し遠いところがあります。継体天皇は幼少時から越前国《えちぜんのくに》（現・福井県）で育ち、五〇六年に第二十五代の武烈《ぶれつ》天皇が後継を定めずに崩御したため、要請を受けて即位しています。

そのため、継体天皇がそれまでの二十五人の天皇と本当にひとつの血筋でつながっているのかどうかについては相当に議論の余地があります。ですが、継体天皇以降の天皇の血は間違いなくつながっているといえます。

その時代の天皇たちは、生前退位を行ったり、上皇になって院政を敷いたりなどということを考える必要はありませんでした。

当時の天皇はまだ大王ですが、最近の研究によって実在が疑問視されているのが聖徳太子です。仮に実在していなかったとしても、当時はエピソードとして語られているようなことが行われていたはず。それらを集めて聖徳太子というひとつの人格がつくられた可能性はおおいにあります。

聖徳太子に代表される出来事は、中国や朝鮮半島から大陸の文化や政治制度を学んで日本に導入しようとしたことでしょう。

当時は中国大陸だと隋《ずい》や唐《とう》、朝鮮半島だと新羅《しらぎ》や高句麗《こうくり》です。それらの国々と活発に交流しながら、仏教をはじめとするさまざまな文化を取り入れるようなことをしていました。

その中心にいたのが当時の天皇なのです。外国からの文物《ぶんぶつ》を取り入れることにより、さらに当時の大王という存在がほかの豪族より傑出したものになっていったわけです。仏教の教えや外国からの文物が天皇の権威に箔《はく》をつける面で機能したというところはあったでしょう。

蘇我氏の滅亡による「天皇」の誕生

そのことは同時に、ほかにも有力な豪族が存在し、大王の地位を脅かしていたということも意味しています。蘇我氏や物部《もののべ》氏のような有力な豪族が、やり方によっては大王にとって代わってしまう可能性があった。その時点では、天皇の地位はずば抜けたものではなく、盤石ではなかったわけです。

そのなかで、のちに第三十八代の天智《てんじ》天皇となる中大兄皇子《なかのおおえのおうじ》が中臣鎌足《なかとみのかまたり》とともに大化の改新を行います。

大化の改新の前に中大兄皇子と中臣鎌足は乙巳《いっし》の変《へん》を行います。これは当時、隆盛をきわめていた豪族の蘇我氏を政変によって滅ぼしたのです。

現在では、大化の改新自体も本当にあったのかどうか、古代史の研究者の議論になっています。ただ、そのときに蘇我氏を討ち滅ぼしたことは、臣下のなかで面倒くさい存在の蘇我氏を倒すという意識ではなく、天皇家の存在を揺るがしかねない存在の蘇我氏を滅ぼすという意味合いが強かったと思われます。

中大兄皇子は天智天皇になり、天智天皇の弟の天武《てんむ》天皇、天武天皇の妻であり天智天皇の娘でもある持統天皇と続きます。このあたりで、天皇家はほかの豪族より優越する絶対的な存在であるという理論武装を進めていきます。

その理論武装とは何か。それは神話です。『日本書紀《にほんしょき》』や『古事記《こじき》』などのように、古来の天皇家の成り立ちに関する物語がその時代につくられました。神武天皇の即位から代々血がつながっていること、あるいは天照大神《あまてらすおおみかみ》の子孫、神さまの末《まつ》裔《えい》としての天皇家という物語がつくられていくわけです。神話によって天皇が卓越した存在であるという根拠が提示され、補強されていきます。

そのころから、大王ではなく、天皇という名称が使われ始めています。天皇という名称は、王様の上位が皇帝ですから、王様より上の存在であることを意識して使われ始めたわけです。

もちろん、当時、影響を受けていた中国の皇帝との比較も視野に入れていたでしょう。中国の皇帝の下にはたくさんの王様がいます。朝鮮半島やベトナムなど周辺諸国の王様は中国の皇帝に存在を承認されて成り立っていました。皇帝が上で、その下に王様がいるという力関係です。日本の場合は中国の皇帝が承認するような王様ではなく、いってみれば中国の皇帝と肩を並べるような形を意識して、天皇という位置づけを持ったといえると思います。

「ひとつの言語、ひとつの民族、ひとつの国家」

この時代には天照大神の存在のもとで、神話によって天皇家の卓越性を根拠づけるだけでなく、仏教によっても統治者としての天皇を強調するようになります。

第四十五代の聖武天皇は仏教にも祝福される天皇というものを考えていました。各地に国分寺《こくぶんじ》を建てたり、奈良に東大寺《とうだいじ》の大仏をつくったりして、仏の力によって国土を守るという理論武装も行っています。

つまり、神と仏、それを車の両輪のように働かせて日本の国が守られていると理屈づけ、神仏を祀《まつ》る存在としての天皇の地位が確立するわけです。ですから、この時代の天皇は、政治と軍事、そして祭祀というものに密接に結びつく存在でした。

同時に、天皇の正統性は天照大神からつながっている血であるということも強調され始めます。血統や世襲であるということがとても重要になってきます。

そうすると、誰が自分の後継者になるのかということも意識されます。次代の天皇にふさわしい候補者がいて、その方が幼い場合は一時的に女性天皇がリリーフとしてあいだをつなぐということも、しばしば行われるようになっていきます。

第二章でも触れましたが、生前退位ということでは第三十五代の皇極天皇が最初です。このときは、まさに政治がらみのなかで誰が天皇になるかが非常に問題視されていました。誰が天皇になっても構わない、それほどの差異はないという時代ではなかったわけですね。

政治、軍事、祭祀などの実際の役割が、この当時の天皇にはありました。ですから、明治時代以降のような権力とは異なり、非常に生々しい権力を天皇は持っていたわけです。

そのため、天皇家の血筋を引いていれば誰でも構わないということではありませんでした。だからこそ、しかるべき人が天皇になるためのひとつの方法として、生前退位が行われたり、女性天皇が一時的に即位したりするようなことが起こっていたわけです。

天智天皇や天武天皇の時代は、中国からさまざまな文化や統治の方法を学ぶなかで、律令制《りつりょうせい》という概念が導入されます。このとき、天皇家を中心にした当時の政治家たちが打ち出した理念は、「日本列島は、ひとつの言語を使う、ひとつの民族が、ひとつの国家を形成する」ということです。

国号も日本になり、これまでの「倭《わ》」ではなくなります。

じつは、「倭」という文字はいい意味を持っていません。これは中国から日本を指すときに使われる言葉です。中国は辺境諸国に対して見下した字を当てはめていました。

その「倭」という名称を捨てて日本という名前を使い始めるのもこの時期です。日本という言葉は「天皇が治める国」といわれますが、これはあくまでも理念であるということが大事なのです。

のちに織田信長が「天下布武《てんかふぶ》」という旗印を大きく掲げ、天下統一に向けて行動しました。このときの「日本はひとつの国なんだ」という、それをひとことで表現するような気のきいた言葉というのは、それまでの天皇を中心とした政治家は語っていないわけです。それはあくまで理念です。

「ひとつの言語、ひとつの民族、ひとつの国家」も同じです。自分たちが達成すべき目的だと考えるべきで、実情とは一致しません。北海道や沖縄を除くとして、北は青森、南は鹿児島までの範囲を、当時の奈良や京都にいる朝廷が整然と統治できていたかといえば、それは違います。

そのいい例は、律令制における陸奥《むつ》国と出羽《でわ》国です。どちらもその領域は広大で、現在でいう福島県、宮城県、岩手県、青森県が陸奥国。秋田県、山形県が出羽国になります。ほかの地域に比べると行政単位としては広大すぎます。

なぜ、そうなるかというと、しっかり細やかに統治する気がないからです。朝廷から見れば田舎であり、野蛮な地方だという認識だったのでしょう。このことから見ても、まだその当時は、日本はひとつの国家だというのは理念にすぎなかったことがわかります。

当時の律令国家が理念として打ち出したものが「公地公民《こうちこうみん》」です。すべての土地は公のものであるという概念で、すべての土地も人も、公である天皇の所有であるということです。

天皇の地位が盤石だからこそ出現した藤原氏

桓武天皇が京都に都を移してからの平安時代には、そのあたりから天皇の位置づけが変わってきます。

平安時代になって重要な勢力として登場するのは藤原氏という勢力です。藤原氏のルーツは大化の改新で活躍した中臣鎌足ですね。蘇我氏の排除に成功した鎌足の後裔《こうえい》たちが蘇我氏のような有力な勢力になってしまうのです。

蘇我氏と藤原氏の違いは何か。天皇家と婚姻を媒介に密接に結びつこうとした点では違いはありません。

蘇我氏は下手をすれば天皇家を打倒して自分が新しい大王になりうる存在でした。ですが、藤原氏は、いかに権勢を振るおうとも、天皇家という存在を否定することは考えていませんでした。むしろ、藤原氏にとっては天皇家が存在しないとまずかった。天皇家のもとで有力貴族として実権を握るというのが藤原氏のあり方だったのです。

この時期になると、天皇の卓越はすでに根を下ろしています。簡単に覆せるようなものではなくなっているわけです。ですから、ほかの貴族によって立場を奪われることは考えられない状態になっていました。

藤原氏は天皇のもとで政治の実権を握ります。摂関政治の始まりです。第二章でも触れたとおり、このころには生前退位がしばしば行われるようになります。藤原氏のなかでの権力争いが起こり、天皇の地位が入れ替わるということが起こり始めます。

天皇は藤原氏のいうがままの存在ですから、藤原氏にとって都合のいい天皇が誕生していきます。しかも、藤原氏の娘が産んだ子どもが天皇になるという状況ですから、天皇は幼く、成人であることが少なかったのです。みずからの意思がないほうが藤原氏にとって都合がいいわけですから。

摂政や関白は天皇の代行をする役職です。ですから、天皇は名前だけで、政治を行うのは摂政や関白なわけです。当時の摂政は天皇が女性もしくは子どものとき、関白は天皇が成人男性のときに置かれました。

藤原氏は朝廷の実権を握る存在になろうということで、平安時代のはじめの百年で力をつけていきました。

もともと摂政は、聖徳太子がそうだったように、成年皇族が就任する役職でした。それを藤原氏が独占するようになります。摂政や関白も時代とともに性格を変えていくということになるわけです。

「政争の具」と化した中世の天皇

この時代になると、天皇が政治や軍事の直接のリーダーであるということはありません。祭祀以外の場でリーダーシップをとるということはなくなります。こうなってくると、天皇の地位に求められる能力はとくにありません。普通の人であれば問題ないということになってきます。

ひとつ考えなくてはいけないのは、七九四（延暦十三）年に平安時代が始まり、ちょうど百年後の八九四（寛平《かんぴょう》六）年に遣唐使《けんとうし》が終わったことです。このことも、当時を考えるうえで重要なターニングポイントです。

遣唐使が終わるということは、これはひとつのメッセージです。その趣旨は、ずばり中国から学ぶべきところがないというものです。このとき以降、日本は内向きの時代に入っていきます。もちろん民間レベルでの交流や交易はありました。さかんだったのです。ですが、朝廷が中国の文化や制度を最先端のものとして受け入れていく時代がこのときに終わったということです。

遣唐使の廃止以降は、公地公民や「日本はひとつの国である」という理念はほったらかしにされて、実態のほうが優先されていきます。そして、朝廷が日本全体を治めているという理念は放棄されていきます。武蔵《むさし》国を例にすると、これまでは国司が京都から武蔵の府中《ふちゅう》まで派遣されて政治を行っていました。ですが、平安時代中ごろから、国司はみずから赴任することをやめてしまいます。

当時の天皇の存在は政治、軍事、祭祀を司《つかさど》る最高権力者でしたが、どんどん実態を失っていきました。そこからは藤原氏の都合によって生前退位が起こります。明治政府が成立して以来、生前退位が政争の具になるということが恐れられていました。これは皇位自体が政治の道具になるという状況が平安時代に起きていたからです。そのことが明治の人に知られていたのですね。

ですが、現代と平安時代では状況が違います。ですから、一概に生前退位がダメだということにはなりません。

平安時代は、基本的には嫡男が家を継ぐという考え方です。母親の位が高くないと嫡男にはなれません。その母親の出自の最上位が藤原氏の権力者の娘であることです。そのため、天皇と出自のあまりよくない女性とのあいだにできた子どもは、長男であっても天皇家を、つまり皇位を継げません。

江戸時代になると、儒教の影響で長子相続が基本になってきます。武家の世界でも長子相続が普通ですね。

徳川将軍家の二代目である徳川秀忠《ひでただ》には、三代将軍となる家光《いえみつ》と、その弟の忠長《ただなが》の二人の子どもがいました。秀忠もお江《ごう》も忠長のほうをかわいがり、跡取りにと考えていました。そこに待ったをかけたのが家康です。お家騒動のもとになるから、原則として長男が家を継ぐことを徹底させました。

「招婿婚」の藤原氏から「嫁取り婚」の武家へ

藤原氏が力を持っていた時代は招婿婚《しょうせいこん》でした。男が女性の家に通うわけです。理念としては天皇が藤原氏の家に通うことになります。もちろん天皇が実際に通っていたわけではありません。招婿婚は男性が女性の家に通う建て前なので、その結果として生まれた子どもは母方の親が世話をすることになります。これは藤原氏が力を持つ根拠にもなってくるのです。

こののちに、上皇による院政が始まるときには招婿婚が終わり、男性の家に女性が嫁ぐ形になります。嫁取り婚ですね。招婿婚は摂関政治にぴったりでしたが、男系がつながっていくのには嫁取り婚のほうが適しています。

内向きになると先例主義にならざるをえません。中国や朝鮮半島から目新しい文化や考え方を導入して新しい政治や文化をつくっていく時代から、遣唐使の廃止に象徴されるように内向きの時代になっていきます。

その時代に適合したのが先例主義です。新しい考え方ではなく、古い考え方、従来のしきたりや作法を大事にするという価値の転換が起きたわけです。

それに合わせて天皇の立場も変わってきます。日本が内向きになって藤原氏が政治の実権を握ることにより、天皇が現実の政治の第一人者という立場から退く状況が生まれてきたわけです。

この時代に生前退位がさかんに行われるようになったのは、天皇が政治の実権を持たず、実際の権力と切り離されてしまうという傀儡化が進んだことと結びついたといえるでしょう。軍事ももちろん、祭祀ですら天皇が矢面に立ってやらなくなります。このときになって、日本という国を統治するひとつのシステムが動き出したと考えられなくもありません。

律令国家が打ち出したものは、実際にはそれほど実現はしていませんが、天皇個人を含み込む朝廷＝政府というシステムで日本を治めるということが徐々に動き出すわけです。

それは、いまの会社組織の成り行きを見ればわかることです。会社を始めた創業者の時代はワンマン社長や、社長と同じくらい発言力のある奥さんがいたりします。ですが、時間がたつとともに、会社が大きくなるにつれて、創業家とは関係のない経営陣が誕生し、そこに権力が集中して会社が運営されていくようになる。天皇も、そのように時間が経過し、日本を統治するシステムが確立してくるのに合わせて実際の権力がなくなってきたわけです。

生前退位が繰り返されていくようになると、今度は上皇による院政が始まります。これは藤原氏が力を握った摂関政治のあとに始まったものです。

「天皇家の家長」としての上皇

天皇が政治の実権を持たないという点では、院政も摂関政治も同じです。天皇は政治の実権の淵源《えんげん》ではありますが、政治の実権そのものではないという状況が生じます。天皇という立場を押さえていれば、藤原氏の誰かが実権を握る。天皇を押さえていると、その父や祖父であるかつての天皇が実権を握る。天皇という存在が権力の源になったわけです。

その点では、上皇が政治を行う院政と、藤原氏が政治を行う摂関政治は同じシステムです。実権を握るのは母方の親族か父方の親族かという違いしかありません。ですから、摂関政治が終わり、院政が始まっても、天皇は生前退位を繰り返すわけです。

上皇による院政は定着していきます。男が嫁をとる嫁取り婚がこの先は続いていきますが、天皇による親政はほとんど見られません。実際には天皇の父親が行う院政が基本になります。ですから、生前退位が前提になってきます。院政が行われている時代には、天皇自体は何もやらずに、政治や軍事は上皇が行っていました。

このころ、軍事はどうなっていたかというと、直轄軍ではなく、傭兵《ようへい》部隊がつくられ始めています。武士の原型ですね。摂関政治の時代に藤原氏と結びついて登場してきたのが源氏、院政の時代に上皇と結びついて登場してきたのが平氏《へいし》になります。そういう形で武士が台頭し、その武力を背景にして、実際の権力も握っていくわけです。

院政の時代は生前退位によって複数の上皇が存在していたこともあります。その場合、誰がイニシアチブを握っているのか。それは天皇家の当主にあたる上皇です。

つまり、ひとりだけなのです。現代的な言い方だと、代表者、一家の長が政治をやる形になります。天皇家の長である家長が上皇として政治を握ります。ですから、政務をとらない上皇もいました。家長である上皇が変わらなければ、天皇が何人代わろうが、政治の実権は変わらないわけです。

基本的に家長は死ぬまで家長ですから、長いあいだ実権を握り続ける上皇もいました。白河上皇のように四十三年にもわたって院政を敷き、後世、「治天《ちてん》の君《きみ》」のはしりと呼ばれた例もあります。

この時代には天皇が一度即位してから亡くなるまで天皇である必要はなくなったわけです。ですが、天皇家の家長である場合は死ぬまで家長として権限を振るえるのです。鎌倉時代の両統迭立の時代には、持明院統の天皇がつくと持明院統の上皇が院政を敷くというように院政が行われました。

鎌倉時代に天皇家の話をする場合、武家勢力の興亡に注目する必要性は低下します。鎌倉幕府ができようができまいが、あまり関係ありません。天皇から見たら、田舎のほうで源氏が何かやっているなというだけの話です。

源氏の将軍が滅びたあと、鎌倉幕府は皇族である皇子を将軍に据えています。鎌倉幕府側が自分たちの棟梁《とうりょう》は格の高い人がいいと考え、朝廷からできるだけ格の高い人をもらい受けようとしたのです。そうすると、皇子がいいわけです。

鎌倉幕府が構築した「治天の君」指名システム

鎌倉時代は承久《じょうきゅう》の乱《らん》が大きな節目となります。この乱に鎌倉幕府側が勝利したことにより、田舎の一地方政府だと思われていた幕府に実力があることが明らかになりました。朝廷側はこの乱以降、軍事的な力を行使しないことを明言します。朝廷の力は、この敗北をきっかけに衰えていくわけです。

ここでポイントになるのは、承久の乱のときに皇位についていた第八十五代の仲恭《ちゅうきょう》天皇です。軍事的に優位だった鎌倉幕府は仲恭天皇を皇位から引きずり下ろしてしまいました。皇位に鎌倉幕府が介入する事態が生まれたのです。

両統迭立が生まれたのは、幕府のこうした強硬な姿勢がもとになっています。天皇家に対して幕府が当主を決めてくる。天皇家が自立できなくなってしまったわけです。天皇家より実質的に強い立場のものができてしまいます。

それまでは、天皇の地位は生前退位を前提として相対的なものでした。院政を行う上皇、いわゆる「治天の君」の立場は絶対的なものでしたが、鎌倉幕府に承久の乱で負けたことにより、この「治天の君」ですら相対的なものになってしまいます。幕府が指名した上皇が「治天の君」になって祭祀を司る時代がやってきます。そうすると、生前退位がさらに当たり前になるわけです。しかも、さらに政争の具になります。

この鎌倉幕府が天皇を、さらには「治天の君」を指名するというシステムは巧妙に隠蔽されていて、公にはなりません。たいていの場合は次の天皇が誰になるのかを上皇が幕府にお伺いを立てるわけです。その場合、幕府はめったに異を唱えません。ですが、本当にいやなときは軍事力でもって異を唱える。そうなると、朝廷は対抗できませんから、幕府の意向に従うわけです。

藤原氏の場合は親戚や外戚という立場で朝廷の内部からその意向を発揮していましたが、鎌倉幕府は遠く離れた場所から軍事力を持って朝廷をコントロールしていました。中か外かの違いです。幕府が皇位を決めるということは、天皇や上皇が自分の後継者を決められない妙な状況になっていたわけです。摂関政治の時代も藤原氏の意向に沿って皇位が決まっていました。似たようなものです。

鎌倉幕府が介入したことによって両統迭立が起こります。これにより、天皇家は大覚寺統と持明院統の二つに分かれ、対立は南北朝の時代まであとを引きます。

南北朝の動乱でも天皇家が滅びなかった理由

鎌倉幕府が滅びると、後醍醐天皇が建武の新政を行って天皇親政を打ち出します。これにも誤解があります。じつは、後醍醐天皇は天皇親政の形に戻そうとしたわけではなく、自分が権力を握りたかった、自分が誰にも指図されずに政治をやりたかったにすぎなかったのです。

後醍醐天皇が考えていたのは、自分の皇子に皇位を譲り、上皇になって、長いあいだ政治を行うつもりでした。生前退位ができる状況にあれば、後醍醐天皇だってそうしただろうと推測されています。ですが、建武の新政は武士たちの反発にあい、三年ももたずに崩壊します。ですから、建武の新政が生前退位のアンチテーゼとは考えられないのです。

武士が天皇や朝廷を圧倒するような軍事力を持って政治を行うような時代になったのに、なぜ天皇家が滅ぼされなかったのか。それとも滅ぼせなかったのか。

わたしは、その理由は、これまで朝廷が行っていた土地所有のしくみを否定して、武家が独自の土地所有のしくみをつくりだすことができなかったからだと考えています。

当時の土地所有は職《しき》の体系といいますが、土地をひとりが所有するのではなく、重層的な支配構造のなかで所有していました。最上位に位置づけられる土地の名義上の所有権者、主に院宮《いんぐう》家、摂関家、大寺社が「本家《ほんけ》」、その下に位置するのが中央の有力貴族や有力寺社の「領家《りょうけ》」、現地でその荘園を管理する武士が「地頭《じとう》」もしくは「下司《げし》（「げす」とも読む）」、現地で実務をとっていた下級職員が「公文《くもん》」と細分化されて、重層的に支配されていました。

その土地全体を所有するということは、信長や秀吉が登場してくる戦国時代の末期までできませんでした。

その土地の所有権について考えた場合、いちばん上の地位にあるのは天皇です。ですから、天皇の存在を否定することができませんでした。従来の所有権のルールを壊すことができれば天皇の存在は必要なくなりますが、武士たちには現行のルールに代わる新しいルールをつくりだすことができなかったのです。

この時代、武士が天皇を敬っていたわけではありません。足利尊氏の配下に高《こうの》師直《もろなお》という武将がいましたが、天皇に敬意のかけらも持っていませんでした。天皇に対して「島流しにしてしまえ」などと乱暴なことを公言していました。そんな師直は、天皇は必要ならば金で鋳るか木でつくるかしろとまで放言していた。つまり、「生きていなくていい。天皇はお飾りとして必要なだけだ」といっているわけです。

ですが、このことは「いないと困る」という意味の裏返しでもあります。それだけ「立場としての天皇」という存在が必要なものになっていました。土地の所有を明確にするために必要なものだったわけです。

「土地領有の担保」としての天皇の存在

武士たちにとって何より大事なのは土地です。作物を生み出し、財産をつくるためには欠かせないものです。ですが、その時代は所有権という考え方自体が現在のように成熟していません。

わたしたちが生きる現代では、所有権というものは明確で強い法的拘束力を持つものだと思われていますし、法律によって保障された権利になっています。土地を購入したら、地下の埋蔵金まで自分のものになります。ですが、その当時はそんな考えはありません。土地の所有をはっきり認める公権力も力を持っていない。天皇、貴族、寺社、幕府などが細切れに保障するだけなのです。

天皇は実際には何もしてくれません。その土地に侵略してきた勢力に対して軍事力を行使して追っ払ってくれるようなことはありません。それでも、天皇のお墨つきがあるということが、なんらかのメリットにはなっているわけです。そのようにして、天皇のほかにも貴族などのお墨つきも加えながら、みんなで土地の所有権を保障していたのです。お墨つきを与える存在のなかで、天皇はいちばん上位の存在でした。

そうした土地支配の概念を乗り越えたのが織田信長の統一政権です。信長は一職《いっしき》支配という形で、すべての領地を明確に差配していました。浅井長政《あざいながまさ》を打ち滅ぼした際には、旧浅井領である北近江《きたおうみ》を一職支配として羽柴《はしば》秀吉（のちの豊臣秀吉）に与えています。

戦国時代になると、戦国大名は、なんの後ろ盾もなく、みずからの武力や実力によって土地を支配していました。江戸時代の幕藩体制についても、江戸幕府を開いた徳川家がいて、全国の大名に土地を分け与えていたわけです。

それに関して、徳川家と大名とのあいだで完成していると考える学者と、その背後には天皇という存在がいて保障していると考える学者もいます。幕藩体制は天皇というピースがあって初めて完成すると考えている学者もいますが、わたしは天皇の影響力などはなく、幕府と大名との関係で決まっていたという考えです。

天皇を必要とした豊臣秀吉

天皇家という存在が歴史上において最も不要な存在になりそうだったのが、信長が台頭していた時代です。信長が天下統一を進めていたときがいちばん危なかったでしょう。

その一方で、信長の後継者である豊臣秀吉の時代には、天皇は必要な存在となりました。秀吉は信長とは違い、みずからが天下統一を進めていくうえで、天皇や朝廷の力をうまく利用したのです。それによって困窮していた天皇が救われたことについては、第二章でも触れたとおりです。

秀吉が天下統一を進めていくうえで最大の障壁となったのは徳川家康でした。家康は信長の同盟相手であり、この当時、本国の三河国《みかわ》（現・愛知県）以外にも駿河国《するが》、遠江国《とおとうみ》（ともに現・静岡県）、甲斐国《かい》（現・山梨県）、信濃国《しなの》（現・長野県）を有する大大名になっていました。

秀吉は一度は武力での討滅を狙いますが、小牧《こまき》・長久手《ながくて》の戦いで後れをとってしまいます。武力での討滅をあきらめた秀吉は、朝廷の力を使って政治的に勝利することを模索し、家康を配下にすることに成功します。そして、自身も関白という高い役職につくことによって政治的な正当性を高め、統治者として君臨します。

ですから、信長の全盛期が最も天皇家が滅ぼされかねない時代だったとわたしは思っています。これがわたしの説ですが、賛同者はあまりいません。

秀吉の没後、関ケ原《せきがはら》の戦いの勝利によって天下を手にした家康の時代はどうだったのか。

家康はもともと豊臣家の重役という立場でした。ですから、豊臣家が大事にしていた天皇家について、直接どうこうという関心を持ちませんでした。家康自身の本国は関東《かんとう》の江戸です。京都や大坂に背を向けて政権を運営すればよく、天皇にはほとんど注意を払わなかったのです。

むしろ、家康にとっての脅威は元の主君である豊臣家の存在だったでしょう。大坂冬の陣と夏の陣で滅びるまで、豊臣家は秀吉の子の秀頼《ひでより》を当主にして天下の名城である大坂城に居を構えていました。家康にとってみれば、朝廷より、いかに豊臣家を滅ぼすかが重い課題となっていたのです。

家康が江戸時代末期の尊王攘夷《そんのうじょうい》運動のような動きを予想することができたなら、朝廷をつぶしていた可能性はあるかもしれません。

天皇を必要としなかった徳川家康

天皇家が江戸時代に必要な存在だったのかどうか。江戸幕府の権力を保障する存在になりえたのかどうか。それは現在でも意見の分かれるところです。

アメリカの大統領がアメリカの大統領たるゆえんは何かといえば、それは民衆から選挙によって選出されたという明白な事実です。秀吉にとってみれば、自分の卓越を保障する存在が必要だったわけです。明確な権威といえば、日本では天皇しかいませんでした。

秀吉に対して天皇がやったことは、イギリスにおいてカンタベリー大主教がやったことと同じ性格があると思います。イギリス国王はローマ教皇が自身の離婚についてはダメ出しをしてくるから、カトリックと縁を切って国教会をつくった。このときカトリックのカンタベリー大司教は、国教会のカンタベリー大主教となった。

イギリスの国教会は、カトリックとは異なり、王様のいうことを聞きます。ですが、イギリスの次の王様が就任するときに冠をかぶせてくれるのはカンタベリー大主教です。イギリスの王様は神さまの代理人であるカンタベリー大主教に冠をかぶせてもらうことで初めて王様になれるわけです。

日本の場合は、江戸幕府の将軍は天皇に祝福されることで初めて将軍になれたのかどうか。家康のときはそれほど関係がなかったのではないかとわたしは思います。関ケ原の戦いで勝ったから将軍になったわけで、大坂冬の陣と夏の陣で豊臣の息の根を止めたことによって、反対する武力勢力はいっさいありませんでした。

家康は自分の力によって地位を確立したわけですから、ほかの権威によって保障される必要性を感じていなかったでしょう。

わたしは、江戸時代の天皇の果たした役割はさほど大きくないと捉えています。それ以前に室町幕府三代将軍の足利義満《よしみつ》の治世になると両統迭立が終わり、北朝と南朝が合一される。そのあたりで天皇は政治行為とも切り離されてしまいます。現代の象徴天皇制に近いような、なんの実権もない、政治や軍事から切り離された天皇が室町時代には生まれたということです。

この時代は、天皇家にとっても非常に厳しい時代でした。第二章でも触れたように、室町時代の末の後土御門天皇、後柏原天皇、後奈良天皇は生前退位していませんが、これは朝廷の経済事情が厳しく、生前退位することができなかったのが実情でした。即位などの儀式にかかる費用を捻出することができずに、しかたなく天皇を続けていたという状況です。その絶望的な状況から、秀吉の時代には一定の力を持つまでに一時的とはいえ復権するわけですから、秀吉は天皇家にとって救いの神だったといえます。

江戸時代になると、完全に政治や軍事とは切り離された存在になりますから、生前退位しようがしまいが誰も関心がないという状況が続いていきます。その証拠に、天皇が代替わりしたのに改元していない事例も見られます（後水尾天皇→明正《めいしょう》天皇、後西《ごさい》天皇→霊元《れいげん》天皇の代替わりでは改元していない。年号はそれぞれ寛永《かんえい》、寛文《かんぶん》のまま）。

なぜ「外圧」が天皇の復活を呼んだのか

二百六十五年も続いた江戸時代において、ほとんど力を持たなかった天皇家ですが、なぜ江戸時代末期になって天皇家を徳川家に代わる権力として担ぎ出す動きが起こったのか。やはり、これは重要な問題です。

それは、江戸時代のなかで庶民が天皇の重要性を再発見したからです。庶民の知性が上昇し、天皇の存在に気づき、もう一度、重視されるようになったわけです。

江戸時代末期の問題として重要なのは諸外国とのつきあいです。つきあいといえば言い方はマイルドですが、実際には侵略されて植民地化される可能性もあったわけです。そうした外国の脅威を前に、日本としてどのように対峙《たいじ》するのか。そのイニシアチブを江戸幕府は発揮できませんでした。江戸幕府のしくみは、平和に統治することには向いていても、外国という脅威を前にどう行動していくのかについて、積極的には動けないシステムだったのです。

日本の歴史において、それまで外国からの脅威にさらされたことは一度しかありません。鎌倉時代の元寇《げんこう》です。モンゴル帝国からの侵略ですね。このときには、モンゴルから使者がやってきた際には最初、朝廷がその使者に対応することになります。朝廷はモンゴルからの手紙を読んで返事を書こうとします。ですが、下書きまでつくったところに幕府が勝手にストップさせて、返事はしないという方針を決めたわけです。この時点で日本の外交権は朝廷ではなく、鎌倉幕府が握っていたからです。

国家の権力がどう表れていくのかと考えると、代表は軍事です。日本が攻められたときに誰が戦うか、誰が外交をするのか。そうすると、どう考えても朝廷ではなく、幕府が外交権を持っていたといわざるをえません。

ただ、実際の歴史についてあとから考えると、朝廷のやり方のほうが適切だったと思われます。モンゴルに対して適切な返書を出していたら、おそらくモンゴルは攻めてこなかったのではないかといわれています。鎌倉幕府が余計なことをしたために、モンゴルは日本に二回攻めてきて、撃退することに成功したものの、その傷が癒えずに鎌倉幕府が倒れてしまったわけです。

江戸幕府の失敗は、黒船《くろふね》来航時に毅然《きぜん》とした態度をとれなかったことにあります。朝廷が外交権を持っているわけではないのですから、唯一の政府として対応すればよかった。ですが、不安になってしまい、朝廷に対応を伺ってしまいます。その時点から江戸幕府の優位性は揺らいでいくわけですから、みずからの権力を弱める行為をしてしまったわけです。

結局、日本が大きく変わったのは外圧なのです。それがないと動かなかったでしょう。外圧にさらされたときに江戸幕府が揺らいだため、それに代わる統治機構として朝廷の存在がクローズアップされ、息を吹き返したわけです。

「大政奉還」という大きな誤解

大政奉還《たいせいほうかん》のような考え方が出てきたのも、よくよく考えてみるとおかしな話です。

大政奉還という概念があるということは、もともと朝廷が幕府に対して政治の権限を預けますという出来事がなくてはいけない。でも、そんなイベントは、もちろん江戸幕府を開いたときにはありません。

それなのに、江戸幕府は大政をお返ししますというイベントをでっちあげたわけです。おかしな話ですね。実際にその当時の孝明天皇に現実的な政治の当事者能力があったわけではありません。ただ外国が嫌いで、幕府に対して「夷狄《いてき》を打ち破れ」という命令を出すだけだったわけですから。

江戸時代末期のおかしなところは、武力によってのしあがって力を持ったのが武士だったはずなのに、江戸幕府が始まって時間がたつにつれて、セレモニーばかり重視して実力主義が弱まってくる点です。武家にも先例主義が浸透していくわけです。ですから、末期になると、江戸幕府の武士自体が弱くなってくる。

その結果、相対的にこれまで見向きもされなかった貴族や天皇がありがたいものとして注目を集めていくわけです。

天皇の立場が急激にクローズアップされたのが幕末です。そして、明治維新では倒幕の旗頭として担ぎ上げられ、天皇を元首とする国が成立することになります。

内実としては、明治時代も専制君主ではなく、現在の象徴天皇と変わりませんでした。伊藤博文など明治維新を担った世代には、天皇そのものに対して神格化するような気持ちはありません。しかし、第三世代の田中義一あたりになると、本当に天皇のことを貴い存在として接するようになってきます。

その後、太平洋戦争の敗戦を機に、現在の象徴天皇制に戻ります。ですが、日本の長い歴史のなかにおける天皇の位置づけを考えると、象徴天皇が最もふさわしいあり方だったのだと思います。そうなると、生前退位自体に強い意味合いはないという話になるのです。

天皇と政治の関係を歴史的に考察していくことを考える必要性はあるでしょう。

第四章

日本人にとって「天皇」とは何か

天皇が持つ「権力」と「権威」

第三章では天皇の視点から歴史をご説明しましたが、本章では逆に、国民の視点から天皇について論じていきたいと思います。

もともと天皇というのは、そのときそのときで性格を変えてきたわけです。いってみれば、最初のうちは普通の、いわゆる土豪みたいな地域の首長だった。それが大王と呼ばれ、首長連合の筆頭になって、それから最終的に天皇になります。

つまり、小さい地域を治めていた豪族の支配領域が徐々に拡大していき、最終的に日本全体の王様になったわけです。そこのところは、みなさんご存じのとおりだと思います。ですが、その支配する権力がどこまであったのかということになると、相当怪しいわけです。

本来の支配者の身体性についていうと、古代の奈良時代ごろまでの天皇は、自分で兵隊を引き連れて戦争もしていました。有力豪族である蘇我氏とも、みずからが先頭に立って争っていたのです。

鷹狩りについて調べてみると、平安時代の初期の天皇たちはみんな鷹狩りが大好きで、しょっちゅう行っているのです。第三章で紹介しましたが、嵯峨天皇には鷹狩りが大好きだったという話が残っています。つまり、鷹を連れて狩りに出かけていた、行動する天皇なのです。動く天皇です。

ですが、歴史が落ち着いてくると、だんだん藤原氏が力を持つようになり、天皇そのものから身体性が抜け落ちて動かなくなってしまいます。権威だけが肥大し、実態があるのかどうなのかわからない。そういう存在になってしまいます。

それが変わるのは院政です。院政が敷かれるようになると、天皇が身体性を取り戻し、支配者として上皇が君臨するわけです。といっても、その時代もそれほど長いわけではなく、しばらく続くと、今度は武家という野蛮な勢力が登場し、実際に力を振るうようになります。

鎌倉時代になると、軍事は天皇と完全に切り離されて、武士が政権をとるようになります。つまり、軍事力に特化した武士が、政治もみずから行うようになります。ここに軍事と政治が一体化した武士の時代がやってくるわけです。天皇はすでに軍事力を持っていません。ですから、鎌倉時代の中ごろから、天皇は権威としての機能を進展していくことになるわけです。

そのあたりの天皇と武士との関係性についてはさまざまな説があり、一概にいうことはできません。よく耳にする言葉に「天皇は権力は失った、だが権威だった」という言葉があります。ですが、わたしは、それはあくまでも言葉の遊びにすぎないと思っています。権力も何も持っていない権威なんてものが存在するのかと考えるからです。

それは、わたしたちみたいな国民が十分に教育を受けていて歴史を知っている社会であれば、権力はなく、権威として存在することは可能かもしれません。ですが、当時の社会、たとえば中世なら中世社会において権力＝力のない権威というものが存在したでしょうか。

当時の中世は現在のような法治国家でもなく、弱肉強食の殺伐とした時代です。神さま仏さまも神人《じにん》や僧兵といった暴力の部隊を活用していた時代なのです。力のない権威を貴ぶようなことは、きっとなかったでしょう。

ですから、そういう時代があったにもかかわらず、天皇がそれでも万世一系を維持しながらつながって存在したことをどう考えるのかということは、非常に難しい問題なのです。

わたしたち研究者のあいだでも、それは長年の課題であり、いまだに答えは出ていません。あくまでわたしの考えでいうならば、やはり室町時代ごろから天皇は武士によって力を奪われていったと考えるべきなのだと思います。

天皇が庶民から忘れ去られた時代

何度か触れましたが、いちばん天皇が貧乏したのは室町時代の後土御門天皇、後柏原天皇、後奈良天皇の、三人の天皇の時代でした。この時代はもう足利将軍家の力も弱くなり、将軍家も天皇家も共倒れになってしまい、京都は荒廃します。天皇の先祖を祀る伊勢《いせ》神宮の式年遷宮《しきねんせんぐう》もできなくなってしまいました。

そこに織田信長が颯爽《さっそう》と現れて、天皇の力を刷新します。この時代には朝廷のなかから朝廷の力を復活させるような勢力は出てきませんでした。鎌倉時代末期の後醍醐天皇のようなエネルギッシュさはなかったわけです。

ですが、武士のなかには信長のような新興勢力が出てきます。そして、新しい武家政権を築き、そのときには天皇家を担ぐ。権威として天皇を利用するわけです。

この場合の天皇は、自家の延命と引き換えに利用される存在になっていきます。もはや自活する力はまったく残されていないのですから。

これは豊臣秀吉の時期にも同じです。出自の低い秀吉は結果的に皇室を重視しますが、それも持ちつ持たれつの相互利用にすぎません。

諸外国からは、このときの皇室がどのような存在として受け止められていたでしょうか。

戦国時代は宣教師をはじめ、多くの外国人が日本に来ていました。なかには当時の日本の様子を細かく書き記していた人もいました。そうした記述のなかで、どのように受け止められていたのかといえば、やはり彼らは信長や秀吉ら天下人《てんかびと》のことを「皇帝」や「王様」と見なして記載しています。天皇のことは「皇帝」や「王様」とは呼ばないわけです。あくまでも当時の日本の統治者は武家の第一人者であると見なしていました。

信長や秀吉に次いで徹底的に天皇から権力を完全に奪い取ったのが徳川家康で、禁中並公家諸法度という法律を制定しました。天皇は勉強していなさい、学問をしていなさい、世俗のことに交わったらダメですよ、ということを「上から」いいつけて、がんじがらめにして力をすべて奪ってしまったわけです。

天皇の再発見を促した「儒学」の発展

では、そのころの庶民にとって、天皇とはどういう存在だったのか。当時の庶民が天皇という存在を知っているかといえば、たぶん、ほとんどの人は知らなかったはずです。

江戸時代は世界史的に見てもめずらしく安定した平和な時代でした。その間には庶民も多くの勉強をしました。ですから、一般庶民の識字率は非常に高く、五〇%に手が届くほどでした。一般庶民が自分たちの歴史や自分たちの置かれた立場を勉強した際に、そこで初めて天皇という、きわめて歴史的な存在に気づいたのだと思います。

それまでは、自分たちの生活を支配し、管理している支配者として、殿さま、つまり藩主を権力者として意識していたはずです。その藩主の上には徳川将軍がいました。そのあたりまでは知っていたかもしれません。

ですが、将軍さまの上の天皇については、おそらく知らなかったのではないでしょうか。畿内《きない》などならばともかく、多くの日本人は知らなかったし、その存在について考える機会もなかったことでしょう。

それは、農民や町民にかぎったことではありません。支配階級である武士もそうです。藩主と徳川将軍で完結していたはずですが、江戸時代には儒教が貴ばれ、それを学んでいくなかで名分論《めいぶんろん》を学ぶわけです。

儒教は非常に上下関係を大事にする学問であり、名分論はその上下関係や身分秩序を確定するための理論にすぎません。ですから、儒教を学ぶと、われらの藩主の上には徳川将軍がいて、その上には天皇がいるという認識をするようになります。

そういう認識が武士のあいだに少しずつ広がっていくと、それに呼応するような形で、朝廷においても「昔に還《かえ》れ」と呼びかける天皇が現れます。それが第百十九代の光格天皇。この人は生前退位をして院政を敷いたので光格上皇でもあります。光格上皇は朝廷を昔のあり方に戻そうと模索します。

こうした動きのなかで、山県大弐《やまがただいに》のような、とくに朝廷の偉さや貴さを積極的に説く学者も現れます。草の根レベルで尊王運動が起きてきたわけです。こうした運動があまりに広範囲になることを、江戸幕府はもちろん歓迎しません。最終的には、尊王を説く学者たちは幕府の取り締まりにあいます。

山県大弐は処刑されました。江戸幕府から見たら、自分たちの権威を脅かすような学説を流布されているわけですから、当然、捨てておくわけにはいきません。

ナショナリズムの誕生と尊王攘夷

さらに、水《み》戸《と》朱子《しゅし》学《がく》を中心に尊王の考え方も普及していきます。尊王の考え方が非常に広まってくると、将軍は天皇から一時的に政治を預かっている、大政（日本の政治を行うこと）を預かっているにすぎないという、のちの明治維新につながる考え方も現れてきました。こうしたいくつかの出来事が重なるなかで、幕末を迎えていくわけです。

そして、この尊王思想をより過激にさせる出来事が起こります。黒船の来航です。結局、日本の世の中を大きく変えるのは必ず外圧なのです。

日本の歴史を振り返ってみると、内部から変わっていくことはほとんどありません。あっても、ゆるやかな変化なのです。そのゆるやかな変化をドカンと変えていくのは外国の影響です。「このままでは日本は滅ぼされてしまう」という危惧は、当時の人々の心理状況に強く影響をしました。

外国の脅威にさらされた国が最初に起こすアクションはなんでしょうか。それはやはり、排外主義的な動きでしょう。

江戸時代末期の日本は一部を除いて鎖国をしていました。ですから、多くの日本人は外国の知識はありません。江戸湾に浮かんだ黒船の威容を前に、やはりヒステリックな対処法に奔《はし》ってしまいます。これによって、日本中で攘夷思想が吹き荒れるわけです。

攘夷思想は外国の実態や日本との国力の差を知るにつれて、憧れに近いマイルドなものに収束していきますが、そこにいたるまでには変遷が必要です。最初は野蛮な形で「あいつらをやっつけろ！」となるわけです。多くの武士が攘夷思想を語り、日本の未来を憂う時代に早変わりしてしまいます。

いまの国際社会を見ても、どう考えても対抗できないような仮想敵を設定している国はいくつかあります。日本の近隣であれば北朝鮮もそうですし、新興の「イスラム国」も欧米を中心とした価値観を敵対視しています。日本も鎖国開始から二百十四年ぶりに外国の存在を感じることによって、相当なショックを受け、攘夷思想に目覚めたわけです。

この時代には「尊王攘夷」という言葉が生まれます。なぜ、この言葉ができたのか。「尊王」と「攘夷」は本来まったく別のものです。ですが、この時代には、まるでひとつの言葉であるかのように流行《はや》りました。天皇を掲げて諸外国と対抗しようという概念が、この時代に誕生したのです。それはもちろん、現行の江戸幕府を中心とした統治の枠組みに対する否定になっていきます。

最終的には、この考えが発展して「大政奉還」が行われますが、そもそも将軍が天皇からお預かりしているという思想自体が、江戸時代の後期になって尊王とともに登場してきた概念にすぎません。

別に徳川家康は当時の天皇から政治を預かったわけでもなんでもありません。関ケ原の戦いに勝利して豊臣家を滅ぼしたことにより、圧倒的な武力をもとに卓越した存在として君臨しただけです。いちおう朝廷の命によって征夷大将軍《せいいたいしょうぐん》に任じられて幕府を開いていますが、それこそ形式的なものです。

「将軍びいき」の江戸から「天皇びいき」の京都へ

江戸時代末期に京都で治安維持に活躍した新撰組《しんせんぐみ》。長州藩士や土佐藩士にとって大敵となった彼らは、徳川将軍に対してとても親しみを持っていました。

新撰組を主に中心となって運営していたのは近藤勇《こんどういさみ》、土方歳三《ひじかたとしぞう》、沖田総司《おきたそうじ》ら武《む》州《しゅう》多摩《たま》に多く門弟を持っていた田舎剣術道場の天然理心流《てんねんりしんりゅう》を母体にしたグループでした。近藤も土方も多摩の農家の出身です。この地域は江戸時代にわたり、ずっと徳川将軍の直轄地でした。天領《てんりょう》ですから、直接税金を将軍家に納めてきました。同じ農民でも自分たちは将軍直轄だという強い意識があり、そのなかから新撰組が生まれてきます。

不思議なことに、幕末の時代に幕府側に立って最後まで戦っていたのが、由緒ある旗本や御家人ではなく、多摩の農家出身の剣豪たちなのです。それだけ江戸の将軍びいきといいますか、徳川家の農民であるという意識があったのでしょうね。

一方、京都における天皇もまったく同じです。京都の住民たちも天皇に対して「ワテらのお偉いさん」くらいの親しみやすい意識を持っていました。京都の住民たちは天皇に実際の力がないのはわかっています。そこは、さまざまな権力者がやってきて去っていく姿を見ているわけですから。天皇が時々の実力者や権力者のあやつり人形のような立場だということを十分に理解しながら、親しみを持っていたのでしょうね。

幕末になると、もちろん京都の人たちは幕府ではなく天皇びいきで、京都でたくさんお金を使っていた長州藩をはじめとする維新の志士たちをかくまったりしていたようです。京都の人たちにしてみれば、関東に根を張る武士に対しては田舎者という意識が強くあります。鎌倉幕府もそうですし、室町幕府に対しても、江戸幕府に対しても同様です。将軍権力をバカにしようと思ったら、相対的に天皇の価値は高くなります。

明治天皇は本当に「専制君主」だったのか

幕末になって、天皇の価値が見直されます。それはやはり、庶民のあいだに天皇の再発見が起こったからなのです。「天皇という偉い立場の人がいるんだ」ということに気づき、それを学んだ日本人がたくさんいました。彼らの代表は本居宣長《もとおりのりなが》のように国学を勉強していた人たちです。

そういうなかで、明治時代に天皇を中心とする国づくりがなされます。政治の争いから天皇の立場を切り離すように旧皇室典範を制定していることから見ても明らかなように、やはり天皇には基本的に象徴のような形で働いてもらうことを、明治の元勲たちは考えていました。

まさか天皇にすべての力を与えて政治や軍事の矢面に立ってもらおうなんてことは考えていません。あくまでも天皇の名前のもとに権力が集中するような形で、日本を強力にひとつの国家としてまとめあげることを考えて国づくりをしました。

ですから、本当に明治天皇がなんでも自分の好き勝手にできたのかというと、まったくそんなことはありません。元首として振る舞っていましたが、実際に天皇が何かできたわけではないのです。天皇の意思で主体的に行った取り組みなどありませんから。

小林《こばやし》よしのりさんが強調するように、大日本帝国憲法下での天皇も、現在の象徴制の天皇とそこまで変わりはなかったといえるかもしれません。

そうはいっても、大逆事件のように天皇を侮辱したり、天皇の暗殺を企てたりした無政府主義者たちに対しては極刑で臨んだように、天皇に反対する人たちに対しては非常に強権的であり、厳しい態度を国家としてとっていたことも忘れてはなりません。そういう歴史があったからこそ、戦後の象徴天皇制に落ち着いたという経緯もあるわけですから。

近世以前の日本人は「天皇」をどう見ていたか

先ほども言及しましたが、近世以前には、ほとんどの人が天皇の存在を知りませんでした。それが基本的なところです。ですが、ごくかぎられた人たち、伝統社会での支配階級に属する人たちにとってみると、なぜ自分はこんな特権的な存在であるのかということを考えた際に、天皇を否定するわけにいかなくなるわけです。特権階級にとっては身分の違いがはっきりあるほうがいいわけですから、天皇という存在は特権階級にとって、とても都合のいい存在なのです。

当時の特権階級の人たちが、わざわざ、なぜ自分たちが偉くて恵まれているのかについて思いをはせるなんてことは、めったにはなかったと思います。ですが、それを考えた場合には、やはり天皇がいるという前提がないと成り立たなかった。天皇込みで特権階級が成り立っていたわけです。ですが、「お前はなんで偉いんだ」という話になったら、「偉いから偉いんだ」と答えるくらいしかできません。

たとえば、その場に現代の価値観である「平等」という考え方を知っている人がいたら、「なんでオレはこんな民百姓《たみひゃくしょう》より上位に自分を位置づけることができるんだろう」と考えたかもしれません。そういう場合に、都合のいい存在として天皇がいたという事実もあるわけです。支配者階級にとってのシンボルとしての位置づけも持っていたのです。

比率はどれくらいかわかりませんが、圧倒的多数の税金をとられる側の人間、支配される側の人間にとってみれば、税金を搾り取っていく側が、将軍であろうが、天皇であろうが、大して変わりません。そういう意味でいうと、天皇とは何かと問われても、昔の人はわからないはずなのですね。

日本の国というのがどういうしくみでできているのかを庶民が知り、そして理解するようになるのは、おそらく江戸時代になってからだろうというのがわたしの見立てです。

現在の天皇は、あまり時々の政権と深い関係を持たないように注意しています。それは、やはり政治権力と天皇が密接な関係を結んでしまうと、その関係が抜き差しならないものになり、場合によっては皇室の衰退につながってしまう可能性もあるからです。

なるべく政治の埒外《らちがい》に自分を置くことを、現在の皇室は明確にしています。たとえば、第一章で紹介したタイの故プミポン国王とは距離感が違います。プミポン国王は普段はあまり政治とはかかわっていませんでしたが、たとえば軍がクーデターを起こすと調停に乗り出すわけです。

そのあたりの関係から考えると、日本の皇室は現実の政治や権力とはできるかぎり距離を置くように徹底しています。やはり、これは第二次世界大戦で敗北し、天皇制が廃止される可能性もあるという皇室の危機に直面したからですね。ですから、敗戦はかなり大きな教訓になっているのです。

第五章

天皇と日本人にとって「万世一系」とは何か

「万世一系」と「日本人」であることの意味

万世一系についても、日本の皇室が持つ特徴のひとつとして思っているうちは、まったく問題ありません。ですが、そこに「だから日本人は偉い」「日本人は特別な民族」などの優越意識や選民思想と結びつくと非常に問題があります。国を挙げてこういうことを言い出すと、たいていいい結果にはなりません。

日本人が自分が日本人であるということを誇らしく思うときに、やはり日本にあってほかの国にはないものということになると、どうしても「天皇」を引き合いに出して自尊心を満たしたい部分があります。

日本以外にも、もちろんほかの国にも王様はたくさんいます。しかし、「日本の王様はほかの王室とは違う。とにかく歴史が古く、万世一系が続いているぞ」と、その歴史を自負している人もいるわけです。日本という国がつねに天皇とともにあったという意識を持っている人は、けっこういるのですね。

天皇の特徴として、万世一系であることは間違いありません。象徴天皇を認めるか認めないかということになると、それは圧倒的多数の人が「認める」と答えるわけです。

それは、やはり自分自身を肯定するかどうかという問題とも結びつく問題になってくるわけで、一見、各個人の生活や日常とは関係ないように思われますが、非常に身近な問題であるということにもなります。

「最大のピンチ」をどう乗り越えたか

天皇の歴史を調べてみると、その制度の運用は場当たり的というか、非常にフレキシブルなのですね。良くいえば柔軟でおおらか、悪くいえばその場しのぎの行き当たりばったり。

そのなかで重要なものをひとつ挙げるとすると、やはり先例主義になるわけです。法律や規則で決まっているのではなく、過去にどのような事例があったのか。ただそれだけです。過去に同じ事例があればよし、これまでにない事例であれば否、そこははっきりしているのです。

もちろん、先例主義といっても、過去のさまざまな事例のなかで、いろいろな先例があるなかで、いちばん都合のいい事例を引っ張ってくるぐらいの融通はきくわけです。さらに、この先例を使って、こういうふうに発展させればいいとか、こう応用すればいいとか、そういう知恵は持っています。貴族というのは、そういう知恵を働かせるのが得意な人がそろっていました。そのことによって、万世一系の天皇家の血脈が保たれるわけです。

ですから、わたしがいちばんおもしろいなと思っているのは、やっぱり南北朝から室町時代です。南北朝時代に万世一系が途絶えてしまう可能性があり、非常にスリリングだからです。

おもしろいというと少し語弊がありますが、一三五一（南朝＝正平《しょうへい》六／北朝＝観応《かんのう》二）年に北畠親房《きたばたけちかふさ》率いる南朝の部隊が京都に十数年ぶりに入ってくることがありました。

そのときに親房が考えたのは、軍事的に戦争をやったら南朝のほうが兵力は少ないですから、どう考えても負ける危険性が高い。京都をずっと占領しているなんてことはできないわけです。

それに、後醍醐天皇の子どもである第九十七代の後村上《ごむらかみ》天皇は結局、京都には入れませんでした。その近くの八幡《やわた》市までは来ましたが。

結局、その後、親房が京都にいたのは二カ月くらいでした。それで撤退して、南朝の本拠である吉野の山のなかに逃げ帰るのです。

そのときに、親房は何をやったのか。敵対している北朝の皇統に連なる皇族たちを根こそぎ南朝に連れて行く。北朝を継承できる人を奪い去っていくのです。そうすれば北朝に人がいなくなるから、最終的に南朝の天皇しか残らず、南朝が勝つことができる、と。焦土作戦のような作戦をとり、全員拉致していきました。

急ごしらえだった北朝の「三種の神器」

その当時、天皇をどう決めるかといえば、ひとつは三種《さんしゅ》の神器《じんぎ》を保有しているかどうかです。

もうひとつは、前の天皇や上皇の承認がないとダメだという点です。そういう二つの大きな縛りがあったみたいです。

この状況に対して、北朝はどう対応したかというと、誰か北朝を継げる人物がいないのか探したのですね。そうしたら、いたのです。それは光厳《こうごん》上皇の皇子で、仏門に入る予定でした。ですから、その皇子を天皇にすることにしました。

即位するには三種の神器が必要です。しかし、これも親房に持っていかれてしまいます。それではどうしようとなりますが、三宝院賢俊《さんぽういんけんしゅん》という僧が古戦場に行って「これは鏡（八咫鏡《やたのかがみ》）が入っていた箱だ」として、親房が持っていったはずの鏡の代替物が見つかったことを主張する。これで三種の神器に関する問題は、なんとかクリアになります。

三種の神器のなかで、最も大事な道具は鏡なのですね。それで、鏡が入っていた箱を持ってきたわけです。それは、誰がどう考えたって、おそらくとってつけたような偽物なのです。ですが、いちいち気にしていられません。三種の神器の鏡の代わりだと言い張れれば、それでいいのですから。

もうひとつ、上皇や天皇の承認がないとダメという点です。こちらも問題でした。北朝には当時、三人の上皇がいましたが、みんな拉致されてしまった。上皇経験者が一気に不在になってしまいます。

では、その状況でどうしたのか。北朝は光厳上皇の奥さんを上皇に見立てて、その人に「この皇子は天皇にふさわしい」と明言させるのです。

そうやって、かなりグレーというか、いい加減な対応ともいえますが、三種の神器の不在と、天皇や上皇の不在という二点をクリアします。それによって即位したのが北朝第四代の後光厳《ごこうごん》天皇です。

この経緯を見ればわかるように、いくら先例主義だといっても、わりといい加減というか、ご都合主義的なところがあったのです。もちろん南北朝の争いの時代ですから、一刻も早く天皇を立てる必要があったわけですけれども。

ですから、血筋さえつながっていれば、なんとかOKくらいの感じで運用されてきた。逆にいえば、厳密に運用されていたら、どこかで血統も絶えていたかもしれないわけです。

その場しのぎといってしまえばそれまでですが、天皇家をつなげていく知恵とも方便ともいえますね。こういう知恵を使って千年以上の血筋をつないできたと思うと、いろいろな苦労がしのばれます。

「天皇家の血脈」と「武家の血脈」の違いとは

天皇の血筋を絶やす可能性について考えると、やはり経済でも政治でもなく、いちばん直接的に天皇家を滅ぼす可能性があるのは軍事力ですが、天皇家はその軍事力との直接的なかかわりを長いあいだ持たないでやってきています。

ですから、そういう意味では「天皇を滅ぼせ」という感覚自体がなくなってしまったということがあるわけです。それだけ天皇が脅威として捉えられなくなったわけでもあります。

ある程度、軍事力を専門に扱っていたのは武士でしたが、その武士にしてみても、天皇はライバルにはなりえません。武士と武士との戦いでは、相手を滅ぼすことを意識していても、天皇と武士は次元が違う存在です。領域や階層が違うわけですね。ですから、わざわざそれを滅ぼす必要性がありません。

武士による政治は、鎌倉幕府から江戸幕府まで七百年ほど続きました。これは源頼朝《よりとも》の鎌倉幕府以来続いたわけですが、軍事力をほぼ独占した武士による政府ができたからこそ、天皇家は続いたといえるかもしれません。天皇が軍事も政治も意欲的に行うようであれば、どこかで対立する勢力や、それにとって代わることを志向する勢力によって滅ぼされていたかもしれないのです。

古代の天皇のように天皇みずからが兵を率いて軍事行動をやっていれば、どこかで戦に敗れ、滅ぼされていた可能性は高いわけです。ですが、武力を持たない権威や別次元の存在として君臨することができたからこそ万世一系が保たれたのではないでしょうか。

「世襲好き」の日本で世襲を排した明治政府

民主主義国家のように思われる、失礼、民主主義国家の日本ですが、じつは、その日本に深く根ざしている考えが「世襲」です。

簡単にいってしまえば、日本人は「世襲」が大好きなのです。ここでいう「世襲」と対《つい》になる概念は「才能重視」というところでしょうか。

二世議員や三世議員が多いことからもわかるように、日本のあらゆる部門で「世襲」は蔓延しています。国会、医者、それに芸能界。

その点、隣国の中国は古来、才能重視の制度である「科挙《かきょ》」を実施していました。実際に科挙は超難関試験ですので、経済的に恵まれた階層の出身でないと受験し続けることは難しかったようですが、基本的には能力のある人間を公平に登用する制度が千年以上前から中国にはあったわけです。科挙で合格した人は、どんな生まれであろうとも、国家を支える高級官僚になれました。

その一方で、中国は、どんな高級官僚の家や栄えた一族でも、五代もたてばつぶれるといわれていたそうです。科挙は父親の身分に応じて加点されるような抜け道はありません。どんなに優秀な家でも、五代続けて科挙に受かるような秀才を輩出し続けるのは難しいということでしょう。

それに比べれば、日本はもう世襲王国といっても過言ではありません。民主主義の本場であるアメリカでも、世襲ではなくてもブッシュ王朝、クリントン王朝、ケネディ王朝など、特定のファミリーが指導者層として注目を集めています。ですが、日本ほどではありません。逆にいうと、日本には「才能重視」や「実力主義」が定着しない。そんな国はなかなかないのです。

日本において世襲を廃し、才能重視、能力主義を徹底したのは明治政府くらいですね。明治政府にはさまざまな問題がありましたが、世襲によって出世するというシステムを採用しませんでした。伊藤博文や山県有朋をはじめ、明治政府の中心人物たちには、そもそも下級武士出身が多いからです。彼ら自身が幕末の動乱のなかを、みずからの実力で出世して、歴史の檜舞台《ひのきぶたい》に飛び出してきたわけです。世襲の天皇と世襲ではない明治維新の才能のある人たちの組み合わせというのをやってみたのですね。

現在の国会議員の構成を見ると、かなりの議員が二世や三世です。それは地方議会でも同じです。また、企業でも世襲は多いわけです。

もちろん、世襲にもいいところがあります。権力争いが激しくならないため、非常に穏やかに権力の継承が行われます。短所だけでなく、長所もあるのです。

よくいわれるのは、新潮社《しんちょうしゃ》と文藝春秋《ぶんげいしゅんじゅう》の違いですね。どちらもエリートばかりの会社ですが、新潮社の経営者は世襲、一方の文藝春秋は世襲ではありません。サラリーマンたちが激しい出世競争を経て、数少ない役員の椅子を目指します。そうすると、人事の争いは文藝春秋のほうがはるかに強烈になるみたいです。いや、あくまで人から聞いた話ですが……。

独裁者が現れないのは天皇のおかげなのか

高級官僚の世界もそうです。同期数十人がヨーイドンで入省して、出世競争を勝ち抜いたひとりだけがその省庁の官僚のトップである事務次官に就任できます。同期のなかから事務次官がひとり出た時点で、ほかの同期は事務次官にはめったになれません。しかも、同期は省庁を離れて外郭団体に天下りしてしまいます。

そういう競争と、のんびりした世襲文化のどちらがいいのかという話ですが、日本は何しろ世襲に甘い国だと思います。試験によって公平なしくみで選ばれた官僚に対するバッシングは激しいですが、世襲に対するバッシングはあまりありません。どうも日本の国民性は、島国ということもあるからか、穏やかなのですね。

ヨーロッパや中国の歴史にはかなり残酷な出来事があるのですが、日本の歴史にはあまりありません。たとえば、フランス革命や中国の文化大革命でどれだけ多くの血が流れたかを考えたらわかるでしょう。

だいたい、日本では一揆《いっき》はあっても革命はありません。一時的に反抗しても、根底から支配階層を覆すようなことはしないのです。中国では二千年以上も前に農民を首謀者に初めて中国を統一した秦《しん》を揺るがすほどの反乱が起きています（陳勝《ちんしょう》・呉広《ごこう》の乱《らん》）。

日本史におけるたったひとりの過激な例外といえば織田信長だけですかね。「虐殺学」の先生と語り合ったときに「ニッポンはノブナガ・オダだけだよね」といわれました。

いざというときに責任をとるのが責任者の役目ですよね。中国の皇帝の場合は、王朝が交代すると、最後の皇帝が自死を選ぶケースもありました。

ですが、日本の場合は、鎌倉幕府も、室町幕府も、江戸幕府も、軍事政権のはずなのに滅ぼされる際に死ぬことはなく、生き延びている場合がほとんどです。自刃で亡くなったのは、最後の執権ではありませんが、鎌倉幕府の十四代執権の北条《ほうじょう》高時《たかとき》くらいでしょうか。将軍はみんな生き残っているのですね。

ですから、万世一系が成り立ったのは、日本であまり残酷な形での権力の移動が行われていないということと関係があるのかもしれませんね。

民主国家において、独裁者が登場するのは、どのようなケースでしょうか。それは、国民の多くが国のあり方や将来について考えることが面倒くさくなったときです。投票率が低くなり、自分以外の優秀な誰かに面倒くさいことは任せたい。多くの国民がそんなふうに思う場合に独裁者は登場します。いってみれば、怠惰な国民のもとに独裁者が生まれますし、怠惰な国民が独裁者をつくりだすといえるのかもしれません。

そういう生臭いものから皇室は距離を保っておくべきだという意見のほうが大多数であるということは、そこまで日本の国民はバカじゃないということなのでしょう。日本の場合、独裁者が生まれるとするなら、皇室もしくはその周辺からしか生まれないでしょうから。

じつは弾力的に運用されていた「先例主義」

日本人には世襲のしくみが当たり前のものとして刷り込まれています。ですから、世襲を否定する人はあまり出てきません。

教育を受けられる人というのは、ある程度、裕福でなければなりません。「なんであなたは裕福なの?」と聞かれると、「親からもらったから」となるわけです。

そうなると、世襲を否定するような考えは、よほど頭がいい人でないと考えつきません。ある種の自己否定になってしまうからです。

世襲を否定して違う世の中にしましょうとか、違う共同体をつくりましょうと思うのも、頭がよくないとできませんし、結局、比較的恵まれている立場の自分自身の首を絞める行為でもあるわけですね。

日本の過去の為政者を見ても、「民《たみ》あっての大名だ」と語った米沢《よねざわ》藩主の上杉鷹《うえすぎよう》山《ざん》くらいです。これは、ある種、大名であることの否定でした。しかも、この鷹山の考え方はまったく広まりません。大名の存在そのものを脅かす考えでもあるから、しょうがないところもありますが。

とくに、大名の世襲は「血」がすべてではありません。「家」がすべてなのです。「家」が受け継がれていけば問題ないのです。鷹山自身もいまの宮崎県にあった高《たか》鍋《なべ》藩から養子に入った人です。ですから、大名家業はみんな一緒で、存続させていく苦労もあったわけです。

大名家がほとんど血でつながっていないのに、天皇家はつながっているというのは、おそらくそんなに贅沢《ぜいたく》していなかったからではないでしょうか。贅沢して乳母《おんば》日傘《ひがさ》で育つと生殖能力は下がってしまいます。

朝廷は先例主義を弾力的に運用するのがとても上手でした。現在のように皇室典範が定められていたわけではありませんから、フリーハンドで対応できました。

GHQ（連合国軍総司令官総司令部）に臣籍降下させられた宮家は、ほとんどが閑院宮系《かんいんのみや》です。閑院宮は江戸時代中期、第百十三代の東山《ひがしやま》天皇の皇子である直仁《なおひと》親王が創設した宮家です。

この閑院宮という遠い親戚がずっと宮家でいられたのはなぜか。それは「伝統」があったからでしょう。時間の経過がある程度重なると、それが「先例」となり、変えられなくなってくるわけです。もちろん、天皇家の存続のため、後継者がいなくなったときに宮家から次代の天皇を選ぶという、徳川将軍家における御三家《ごさんけ》や御三卿《ごさんきょう》的な意味合いもあったかもしれません。

江戸時代では「家」をいかに存続させるかに細心の注意を払っていました。薩摩藩の島津《しまづ》家や加賀《かが》藩の前田《まえだ》家のような大大名はもとより、二万～三万石ほどの小さな大名でも御三家や御三卿にあたるようなお家存続のための分家を持っていました。本家の血筋が途絶えそうになったら、分家から養子をとって「家」を続けていくわけです。

万世一系の血統を維持するのなら、かつてのような側室を認めるのがいいのかもしれませんが、現在の日本社会のあり方、また家族のモデルケースともいうべき天皇家に対する国民の印象や心象を考えた場合、側室を設けることはありえないでしょう。ですが、後継者問題は本当に大きい問題です。

戦前の皇室は、明治天皇の皇女と閑院宮系宮家の当主との婚姻を積極的に進めました。そこには男系子孫をひとりでも多く残したいという考えがあったのではないでしょうか。明治天皇の玄孫《やしゃご》として有名な作家の竹田恒泰《つねやす》氏も、その子孫のひとりです。

現代日本で「生前退位」は何を引き起こすのか

生前退位をきっかけとして、現代の日本でどのような混乱が起こる可能性があるのかについて考えてみます。

ひとつは、政争の具になる可能性です。

たとえば、自民党のなかで派閥争いがあったり、官僚と政治家とが対決することがあったりした際に考えられます。ですが、これだけ象徴天皇制が根づいている社会で、そのような政治的な混乱が起きることは、もはや難しい気がします。

これだけの情報化社会ですから、インターネットをはじめ、いくらでも人々の耳目を集めるでしょう。いわば、現代の皇室は絶えず可視化されているわけです。

明治時代のように、それなりに旧皇室典範をつくったり、天皇家のことを整備したりした時点では、お上《かみ》のやることはインパクトを持って受け止められていました。お上や中央政府がやることに対して、わたしたち庶民は従うのが当たり前だという風潮があったわけです。

ですが、いまの政治家や支配者層がそのような「庶民は自分たちがやること、決めることに唯々諾々と従え」なんていう趣旨の発言をしたら、大きな問題になります。反発は必至です。なかには麻生太郎《あそうたろう》さんのように大仰な発言を平気でする（また、それが一部には受ける）感性の政治家もいるでしょうが、そのようなスタンスでは大勢の支持は得られません。生前退位を政争の具にするということは、現実的に、かなり難しいのではないでしょうか。

図表⑩ 明治天皇の女系子孫関係系図

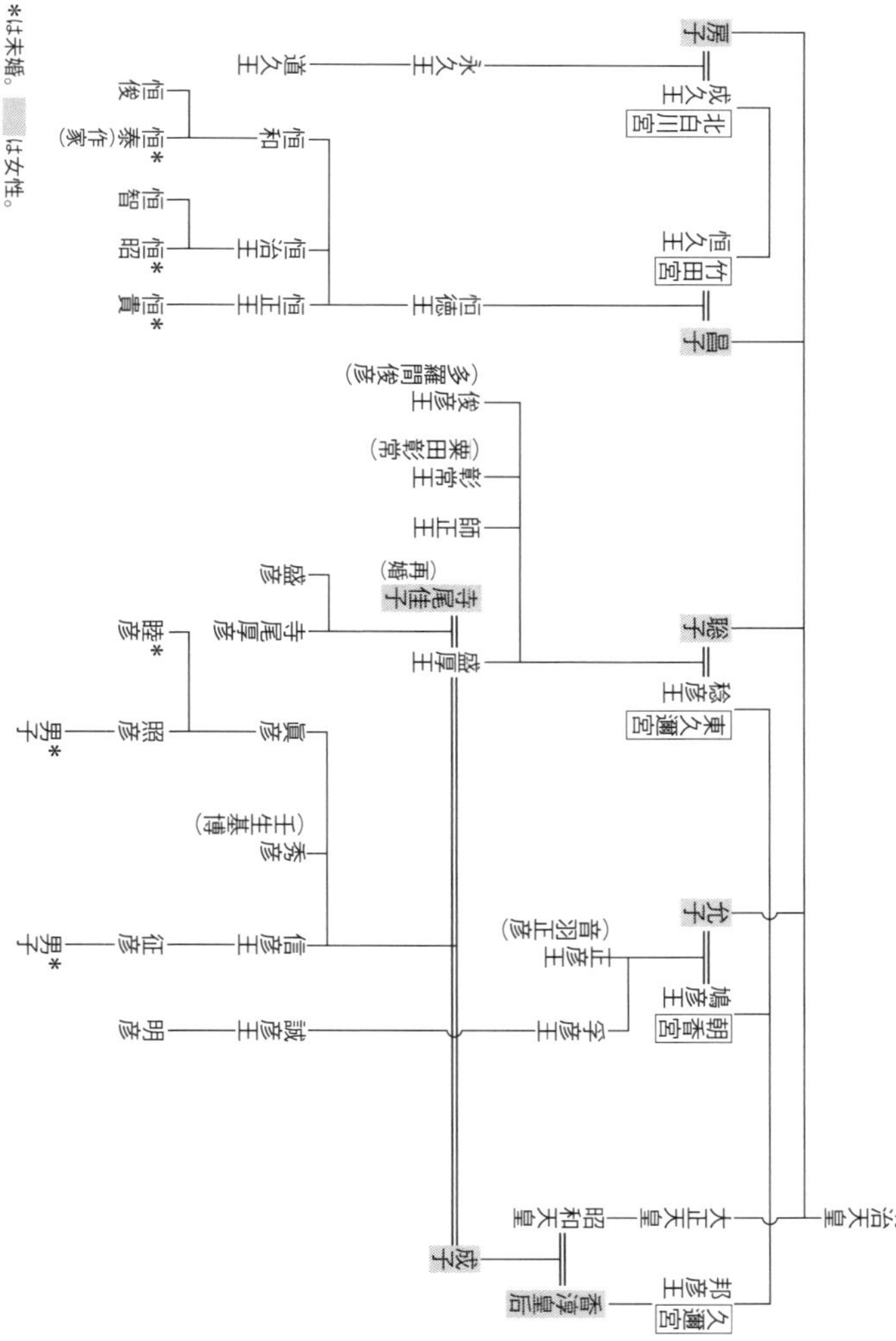

*は未婚。　は女性。
〈出典〉各種資料より編集部作成

外部勢力が生前退位というシステムを使って天皇家に手を突っ込んでくることはほぼ考えられません。あるとしたら、天皇家のなかでそういう動きがある場合でしょう。たとえば、皇室のなかに非常に野心的な人が出てきて、政治的な動きをしようとすることはあるかもしれません。ですが、それもシステムと人格の問題で、システムのなかで人格がどれだけ威力を発揮できるかという話になるわけです。

野心的な人が出てきて、何か政治的な発言をしたり、行動を起こしたりした際には、世論がそれを批判することもあるかもしれませんし、逆に、その発言を肯定的に受け止めるムーブメントが起こる可能性もあります。

もしかしたら、インターネットなどを介して、庶民がその野心的な人が継承すべきだと思うようになる可能性もあるのです。

「政治的利用」の危険性はどこにあるのか

天皇をめぐる議論が時の内閣の政治的な駆け引きに利用されるのではないか、という危惧がたびたび提起されます。

ですが、これは天皇の人格の問題になってしまいます。どんな人が天皇になるのかという問題です。

率直にいうと、おそらく現在、多くの人は皇太子さまが即位し、雅子《まさこ》さまが皇后になったらどうなるのだろうと危惧しているのではないでしょうか。

現在の天皇陛下はご自身の立場にきわめて抑制的で、政治的に利用されるような行為はいっさいしません。わたしたちはそれを見ているから、これからも天皇が政治的な振る舞いをすることはないだろうと、勝手に安心しているところがあります。しかし、それはかなり甘い考えだとわたしは思います。天皇や皇后という地位は、本人たちが政治的な振る舞いや発言をしたいと望んだ場合には、それができるだけの特別的な地位だからです。

それは、わたしたち自身も注意深く見守らなければいけません。ですから、もし現在の天皇陛下が後継人事を定めることによって、次の天皇の振る舞いに安心できるかどうかを見定めたいというお気持ちを持っていたとしても、おかしくはありません。そして、実際に、お試し期間ではありませんが、天皇、皇后としてのお二人に正しいあり方、たたずまい方を指導するというのも悪いわけではないのですね。

天皇、皇后という立場は、人間らしさを出すことがどこまで許容されるのかというきわめて特殊な地位なのです。天皇なり皇后なりが時の総理大臣に対して「わたし、この人、嫌いです」などと発言してしまったら、大変な問題になるわけです。もちろん、人間ですから個人的な好き嫌いがないわけではないでしょう。でも、自身がきわめて政治的立場であることを自覚して、抑制的に振る舞う必要性があるわけです。

そのあたりのオン・オフをわきまえることができなかったら、どうなるかはわかりません。象徴天皇制はとても機能的で抑制的に運用されていますが、実際の天皇は、わたしたちと同じ感情のある人間なのですから、その状況によってはガラッと変わってしまうこともあるわけです。

また、天皇が生前退位した場合に考えられる問題点として、退位した天皇が影響を持つのは問題ではないかという点もあります。ですが、現在の世論を考えると、「そのほうがいいんじゃないか」という意見も強そうですよね。

皇太子さまが何か変わったことをするとはとても思えませんが、公《おおやけ》の人としての自分、それと奥さんを守っていくプライベートな自分という二つの行動を比べたときに、やはりプライベートを優先するであろうことは、これまでの行動を見ていればわかります。

皇太子さまのそのスタイルも、最初のうちは奥さんを守るという姿勢に見られて「とっても素敵」と好感を持って見守る人がたくさんいました。ですが、ここ数年は、雅子さまを慮《おもんぱか》るばかりで、公務に対する熱心さが欠けているように受け取る人もいます。

生前退位がＯＫになると、下手をすると廃嫡もＯＫになってきます。寄ってたかって水面下で「お前、やめろよ」といわれた場合、さすがにやめざるをえないのは世の常です。極端な話、毎週「週刊文春《ぶんしゅん》」に書き立てられたりしたら、やめざるをえないかもしれません。生前退位を容認すると、こういう事案も浮上するという問題点として書いておきます。

「お妃」の複雑なお立場

皇太子さまのお妃である雅子さまのつらい立場というのは、現在の皇室のあり方を考えるひとつのきっかけになるかもしれません。

外務省のキャリア官僚出身である開明的な雅子さまが、伝統的な皇室のありように打ちのめされているという現実があります。雅子さまには、積極的な外交を行い、開かれた皇室を見せたいという思いがあるのかもしれません。

ですが、目立とうとすることに対する教訓を、いまの皇室は持っています。その方法論の違いなのかもしれません。仮に雅子さまが考えているような積極的な皇室外交を繰り広げたとしたら、日本にとっても皇室にとってもプラスの面はあるかもしれませんが、そこにはもちろんリスクが存在します。万が一のときには、皇室は大きな痛手を被るわけです。

そういう危険な行動に舵《かじ》を切るべきではないという考え方が、伝統的な皇室には知恵としてあるのかもしれません。そして、そういう考え方は、雅子さまから見れば少し古臭く見えるのかもしれません。そこに皇室の持つジレンマがあるといえるでしょう。

具体的な国益を追求すれば当然、反動があるわけです。皇室はそういう現実的な国益を追い求める世界とは距離を置いておいたほうがいいのではないでしょうか。

おそらく多くの国民も、それゆえに、「やっぱり天皇は元首ではなくて、象徴でいいんじゃないか」と思っているのではないでしょうか。

また、雅子さまのお父さんである小和田恒《おわだひさし》さんには何かと風聞があります。雅子さまが皇后になれば、外戚にあたるわけです。

小和田さんは国連大使など華々しい経歴の外交官ですが、自分の娘が皇太子妃であれば、そういった役職への就任は辞退するというあり方もあるはずです。ですが、そういう感覚はお持ちではないらしい。それはそれで間違ってはいないのですけれども、たとえば皇后になった雅子さまに対して大きな影響力を振るう、どこかで現在の外戚の範疇《はんちゅう》からはみ出してしまう可能性もあるかもしれません。

それを考えると、現在の天皇陛下が次代の天皇や皇后を教育するというのも悪くない気がします。

なぜ「女性天皇」は問題視されるのか

女性天皇を認めるのか、いっさい認めないのか、それとも男系の女性天皇だけを認めて女系の女性天皇は認めないのか、女性天皇をめぐる議論は少し複雑で、ちょっと普段は関心がない人にはわかりにくいかもしれません。

おおまかに分けても、三つの立場や考え方があるわけです。

ひとつは、女性天皇をいっさい認めない立場。男性のみに皇位継承権を認める立場ですね。現行の制度の維持論者といっていいかもしれません。

もうひとつは、男系の女性天皇を認める立場。男系の女性天皇というのは、父親に天皇を持つ娘ということです。愛子《あいこ》さまは父親が皇太子さまですから、男系の女性天皇になります。ですが、愛子さまの子どもには皇位継承権はないという立場でもあります。過去の女性天皇が男系の女性天皇しかいないこともあり、あくまで限定的な女性天皇のみ認める立場といえるでしょう。

もうひとつは、女性天皇をすべて認めるという立場。これは女系も男系も関係なく、天皇家に生まれた女性であれば皇位継承権を持つという考え方ですね。将来、愛子さまにお子さまが生まれた場合も皇位継承権を持つという考え方です。

女性天皇をめぐる議論は、女性が即位できるかどうかだけが問題点だと思っている人が多いですが、この男系のみにかぎるべきかどうかという女系天皇という観点からも議論が分かれているのです。そこを踏まえて考えないと、うまく流れをつかむことはできません。

女性天皇が誕生した場合、配偶者の男性に邪《よこしま》な考えの持ち主が現れた場合の危険性に言及する人はいます。権力を握りたいという男の人がお婿さんになったらどうするのかというわけですね。

ですが、これはかなりうがった見方でしょう。そんなことは、どこの国の王室でも、男女ともにある話です。しかも、これを危惧すること自体、どこかに女性差別が残っているような印象を受けてしまいます。なぜなら、女性より男性のほうが発言力が強いことを前提として考えるから、こういう事態を危惧するわけですよね。

そのことを心配するのなら、男性天皇が問題のある皇后と結婚した場合の危険性を先に考えるべきなのです。

「伝統」を考えるうえで忘れてはならないこと

結局は、女性天皇を否定する人たちのなかには、そういう差別意識がどこかにあるように思われます。それは、一般の会社でもそうです。テレビのアナウンサーを見ればわかるように、男性はおじさんでもやっていますが、女性はほとんどが若い二十代のアナウンサーしかいません。

わたしの母親は、男尊女卑の強かった福岡の出身です。母の祖父が炭鉱技師だったため、母は福岡の炭鉱町で育ちました。当時の福岡の炭鉱は非常に景気がよかったのです。現在ではとっくに斜陽産業になってしまった石炭ですが、かつては黒いダイヤと呼ばれ、日本経済を支えていました。母親は炭鉱町で贅沢な暮らしをして育てられたようです。

福岡の炭鉱町では朝鮮出身の労働者がたくさんいたそうです。その一方で、被差別部落の地域もありました。そうすると、小学校に行くと、被差別部落出身の子どもの列、朝鮮人の子どもの列、その二つに属さない子どもの列と、はっきり別々に三つの列がつくられていたそうです。

被差別部落出身でも朝鮮人でもない子どもは被差別部落の子どもを差別して、被差別部落の子どもは、その差別に耐えながら、一方で朝鮮人を差別するという多層的な構造になっていたそうです。

差別は絶対にいけないことです。ですが、人間は絶えず醜さを持っています。とても弱い生き物ですから、なかなか差別の意識から自由になれません。男性であることを誇らしく思う、優位に思うという女性に対する差別意識は、よほど周囲から批判されたりしないと自覚的にはなれません。三つ子の魂百までではないですが、人間の心の醜さは、そう簡単に変わらないのですよね。

天皇は男性であるべきだ。それは伝統に即して、この本が強調している言葉を用いるなら、先例を重んじて男性にすべきだ。こういう意見は「あり」だと思います。天皇自体が伝統的なものなのだから、これまでの伝統を尊重しよう。十分な説得力があります。

けれども、男性は女性より優位にあるから、天皇は男性であることが望ましい。こうしたタイプの主張は、現在ではとても通用しないのではないでしょうか。

それを踏まえて、国民全体でよくよく考えていきましょう。

（了）

巻末付録

付録① 天皇系図

傍の数字は在位年、下の数字は代数。記載は原則として皇統譜に基づく。

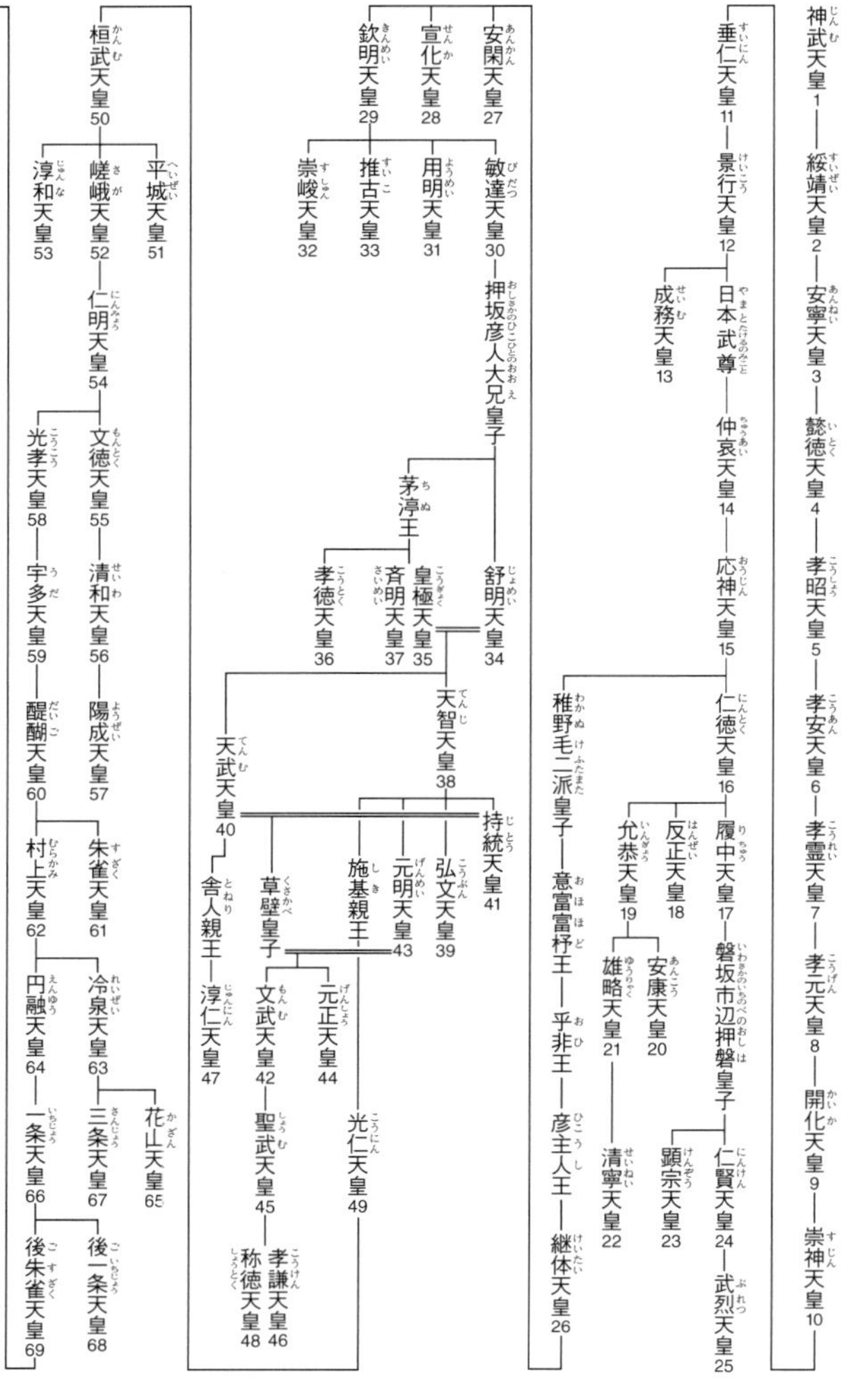

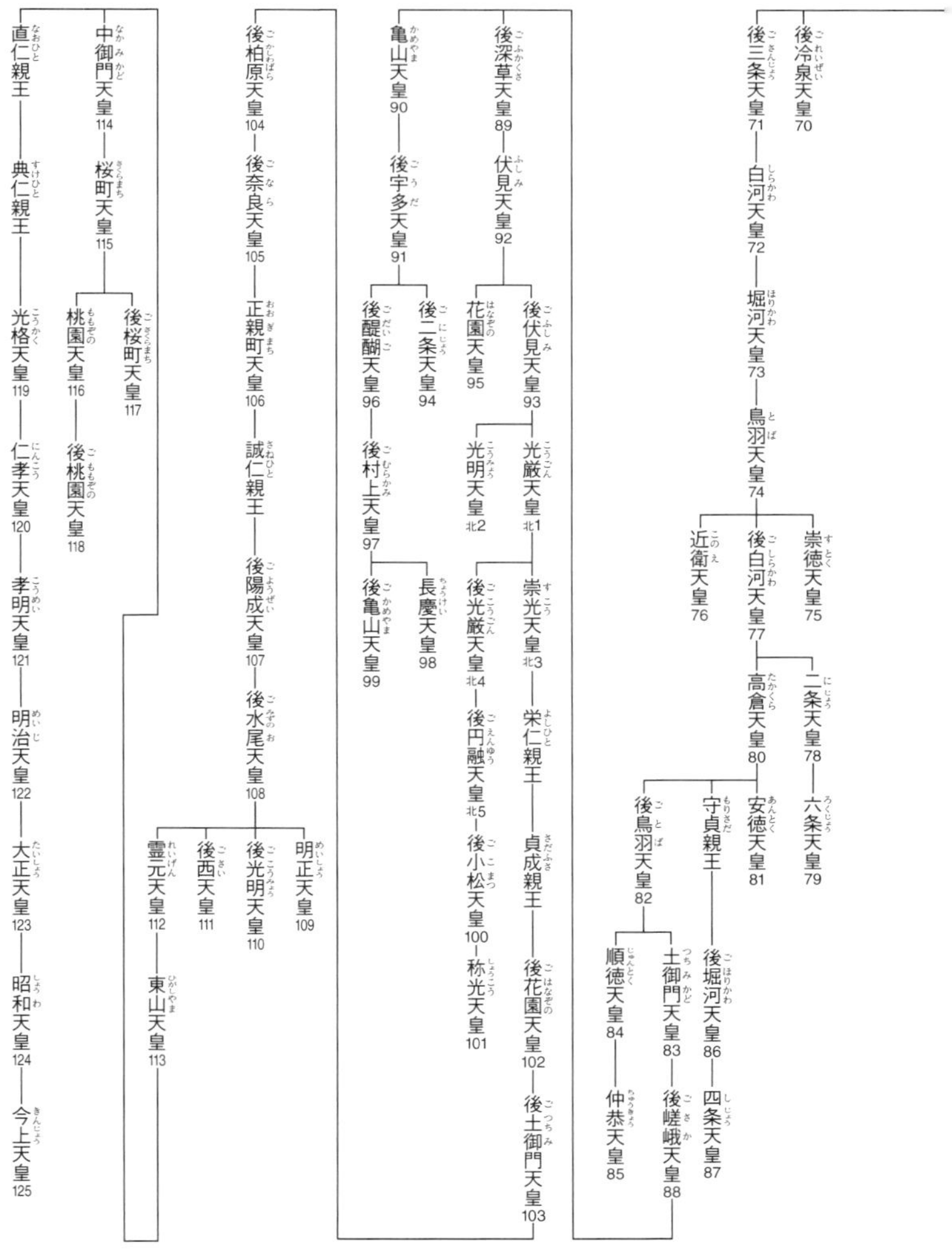

〈出典〉宮内庁ホームページ。ただし旧字体は新字体に改めた。

付録② 歴代天皇の在位年、生没年

代	諡号	読み	即位年	退位年	在位	生年	没年	即位年齢	退位年齢	没年齢	注釈
1	神武	じんむ	前660	前585	75	前711	前585	52	127	127	
2	綏靖	すいぜい	前581	前549	32	前632	前549	52	84	84	欠史八代
3	安寧	あんねい	前549	前511	38	前577	前511	29	67	67	欠史八代
4	懿徳	いとく	前510	前477	33	前553	前477	44	77	77	欠史八代
5	孝昭	こうしょう	前475	前393	82	前506	前393	32	114	114	欠史八代
6	孝安	こうあん	前392	前291	101	前427	前291	36	137	137	欠史八代
7	孝霊	こうれい	前290	前215	75	前342	前215	53	128	128	欠史八代
8	孝元	こうげん	前214	前158	56	前273	前158	60	116	116	欠史八代
9	開化	かいか	前158	前98	60	前208	前98	51	111	111	欠史八代
10	崇神	すじん	前97	前30	67	前148	前30	52	119	119	実在可能性のある最古の天皇
11	垂仁	すいにん	前29	70	99	前69	70	41	140	140	
12	景行	けいこう	71	130	59	前13	130	85	144	144	
13	成務	せいむ	131	190	59	84	190	48	107	107	
14	仲哀	ちゅうあい	192	200	8	**148**	200	**45**	**53**	**53**	
15	応神	おうじん	270	310	40	200	310	71	111	111	
16	仁徳	にんとく	313	399	86	257	399	57	143	143	
17	履中	りちゅう	400	405	5	**336**	405	**65**	**70**	**70**	
18	反正	はんぜい	406	410	4	**336**	410	**71**	**75**	**75**	
19	允恭	いんぎょう	412	453	41	**376**	453	**37**	**78**	**78**	
20	安康	あんこう	453	456	3	401	456	53	56	56	暗殺説あり
21	雄略	ゆうりゃく	456	479	23	418	479	39	62	62	
22	清寧	せいねい	480	484	4	444	484	37	41	41	
23	顕宗	けんぞう	485	487	2	450	487	36	38	38	
24	仁賢	にんけん	488	498	10	449	498	40	50	50	
25	武烈	ぶれつ	498	506	8	489	506	10	18	18	
26	継体	けいたい	507	531	24	450	531	58	82	82	
27	安閑	あんかん	531	535	4	466	535	66	70	70	
28	宣化	せんか	535	539	4	467	539	69	73	73	
29	欽明	きんめい	539	571	32	509	571	31	63	63	
30	敏達	びだつ	572	585	13	538	585	35	48	48	
31	用明	ようめい	585	587	2	540	587	46	48	48	
32	崇峻	すしゅん	587	592	5	**553**	592	**35**	**40**	**40**	暗殺説あり
33	推古	すいこ	592	628	36	554	628	39	75	75	初の女性天皇
34	舒明	じょめい	629	641	12	593	641	37	49	49	

代	諡号	読み	即位年	退位年	在位	生年	没年	即位年齢	退位年齢	没年齢	注釈
35	皇極	こうぎょく	642	645	3	594	661	49	52	68	生前退位した初の天皇
36	孝徳	こうとく	645	654	9	596	654	50	59	59	
37	斉明	さいめい	655	661	6	594	661	62	68	68	皇極天皇の重祚
38	天智	てんじ	668	671	3	626	672	43	46	47	661～668年は空位
39	弘文	こうぶん	671	672	1	648	672	24	25	25	自害。即位していない説あり。在位8カ月
40	天武	てんむ	673	686	13	**631**	686	**43**	**56**	**56**	
41	持統	じとう	690	697	7	645	702	46	53	58	686～690年は空位
42	文武	もんむ	697	707	10	683	707	15	25	25	
43	元明	げんめい	707	715	8	661	721	47	55	61	
44	元正	げんしょう	715	724	9	680	748	36	45	69	
45	聖武	しょうむ	724	749	25	701	756	24	49	56	
46	孝謙	こうけん	749	758	9	718	770	32	41	53	
47	淳仁	じゅんにん	758	764	6	733	765	26	32	33	廃位
48	称徳	しょうとく	764	770	6	718	770	47	53	53	孝謙天皇の重祚
49	光仁	こうにん	770	781	11	709	781	62	73	73	最高齢即位
50	桓武	かんむ	781	806	25	737	806	45	70	70	
51	平城	へいぜい	806	809	3	774	824	33	36	51	
52	嵯峨	さが	809	823	14	786	842	24	38	57	
53	淳和	じゅんな	823	833	10	786	840	38	48	55	
54	仁明	にんみょう	833	850	17	810	850	24	41	41	退位2日後に崩御
55	文徳	もんとく	850	858	8	827	858	24	32	32	
56	清和	せいわ	858	876	18	850	880	9	27	31	
57	陽成	ようぜい	876	884	8	868	949	9	17	82	
58	光孝	こうこう	884	887	3	830	887	55	58	58	
59	宇多	うだ	887	897	10	867	931	21	31	65	
60	醍醐	だいご	897	930	33	885	930	13	46	46	退位7日後に崩御
61	朱雀	すざく	930	946	16	923	952	8	24	30	
62	村上	むらかみ	946	967	21	926	967	21	42	42	
63	冷泉	れいぜい	967	969	2	950	1011	18	20	62	
64	円融	えんゆう	969	984	15	959	991	11	26	33	
65	花山	かざん	984	986	2	968	1008	17	19	41	
66	一条	いちじょう	986	1011	25	980	1011	7	32	32	退位9日後に崩御
67	三条	さんじょう	1011	1016	5	976	1017	36	41	42	

代	諡号	読み	即位年	退位年	在位	生年	没年	即位年齢	退位年齢	没年齢	注釈
68	後一条	ごいちじょう	1016	1036	20	1008	1036	9	29	29	
69	後朱雀	ごすざく	1036	1045	9	1009	1045	28	37	37	退位2日後に崩御
70	後冷泉	ごれいぜい	1045	1068	23	1025	1068	21	44	44	
71	後三条	ごさんじょう	1068	1072	4	1034	1073	35	39	40	
72	白河	しらかわ	1072	1086	14	1053	1129	20	34	77	
73	堀河	ほりかわ	1086	1107	21	1079	1107	8	29	29	
74	鳥羽	とば	1107	1123	16	1103	1156	5	21	54	
75	崇徳	すとく	1123	1141	18	1119	1164	5	23	46	
76	近衛	このえ	1141	1155	14	1139	1155	3	17	17	
77	後白河	ごしらかわ	1155	1158	3	1127	1192	29	32	66	
78	二条	にじょう	1158	1165	7	1143	1165	16	23	23	
79	六条	ろくじょう	1165	1168	3	1164	1176	2	5	13	最年少即位
80	高倉	たかくら	1168	1180	12	1161	1181	8	20	21	
81	安徳	あんとく	1180	1185	5	1178	1185	3	8	8	戦死。最年少崩御
82	後鳥羽	ごとば	1183	1198	15	1180	1239	4	19	60	安徳天皇と重複在位。安徳天皇の崩御日から起算した場合は6歳で即位、13年在位。
83	土御門	つちみかど	1198	1210	12	1195	1231	4	16	37	
84	順徳	じゅんとく	1210	1221	11	1197	1242	14	25	46	
85	仲恭	ちゅうきょう	1221	1221	0	1218	1234	4	4	17	廃位。 最短在位(78日)
86	後堀河	ごほりかわ	1221	1232	11	1212	1234	10	21	23	
87	四条	しじょう	1232	1242	10	1231	1242	2	12	12	
88	後嵯峨	ごさが	1242	1246	4	1220	1272	23	27	53	
89	後深草	ごふかくさ	1246	1259	13	1243	1304	4	17	62	
90	亀山	かめやま	1259	1274	15	1249	1305	11	26	57	
91	後宇多	ごうだ	1274	1287	13	1267	1324	8	21	58	
92	伏見	ふしみ	1287	1298	11	1265	1317	23	34	53	
93	後伏見	ごふしみ	1298	1301	3	1288	1336	11	14	49	
94	後二条	ごにじょう	1301	1308	7	1285	1308	17	24	24	
95	花園	はなぞの	1308	1318	10	1297	1348	12	22	52	
96	後醍醐	ごだいご	1318	1339	21	1288	1339	31	52	52	退位翌日に崩御
北1	光厳	こうごん	1331	1333	2	1313	1364	19	21	52	
北2	光明	こうみょう	1336	1348	12	1322	1380	15	27	59	

代	諡号	読み	即位年	退位年	在位	生年	没年	即位年齢	退位年齢	没年齢	注釈
97	後村上	ごむらかみ	1339	1368	29	1328	1368	12	41	41	
北3	崇光	すこう	1348	1351	3	1334	1398	15	18	65	
北4	後光厳	ごこうごん	1352	1371	19	1338	1374	15	34	37	
98	長慶	ちょうけい	1368	1383	15	1343	1394	26	41	52	
北5	後円融	ごえんゆう	1371	1382	11	1359	1393	13	24	35	
99	後亀山	ごかめやま	1383	1392	9	**1350**	1424	**34**	**43**	**75**	
100	後小松	ごこまつ	1382	1412	30	1377	1433	6	36	57	北朝6代として即位
101	称光	しょうこう	1412	1428	16	1401	1428	12	28	28	
102	後花園	ごはなぞの	1428	1464	36	1419	1470	10	46	52	
103	後土御門	ごつちみかど	1464	1500	36	1442	1500	23	59	59	
104	後柏原	ごかしわばら	1500	1526	26	1464	1526	37	63	63	
105	後奈良	ごなら	1526	1557	31	1496	1557	31	62	62	
106	正親町	おおぎまち	1557	1586	29	1517	1593	41	70	77	
107	後陽成	ごようぜい	1586	1611	25	1571	1617	16	41	47	
108	後水尾	ごみずのお	1611	1629	18	1596	1680	16	34	85	
109	明正	めいしょう	1629	1643	14	1623	1696	7	21	74	
110	後光明	ごこうみょう	1643	1654	11	1633	1654	11	22	22	
111	後西	ごさい	1654	1663	9	1637	1685	18	27	49	
112	霊元	れいげん	1663	1687	24	1654	1732	10	34	79	
113	東山	ひがしやま	1687	1709	22	1675	1710	13	35	36	
114	中御門	なかみかど	1709	1735	26	1701	1737	9	35	37	
115	桜町	さくらまち	1735	1747	12	1720	1750	16	28	31	
116	桃園	ももぞの	1747	1762	15	1741	1762	7	22	22	
117	後桜町	ごさくらまち	1762	1770	8	1740	1813	23	31	74	最後の女性天皇
118	後桃園	ごももぞの	1770	1779	9	1758	1779	13	22	22	
119	光格	こうかく	1779	1817	38	1771	1840	9	47	70	最後の生前退位
120	仁孝	にんこう	1817	1846	29	1800	1846	18	47	47	
121	孝明	こうめい	1846	1866	20	1831	1866	16	36	36	
122	明治	めいじ	1867	1912	45	1852	1912	16	61	61	
123	大正	たいしょう	1912	1926	14	1879	1926	34	48	48	
124	昭和	しょうわ	1926	1989	63	1901	1989	26	89	89	最高齢崩御、最長在位
125	今上	きんじょう	1989	–	–	1933	–	57	–	–	

年齢は数え年。諡号のアミカケは女性天皇。退位年齢のアミカケは生前退位（直後に崩御した例を除く）。代・諡号・読み・即位年・退位年は皇統譜による。32代崇峻天皇までの生年・没年・即位年齢・退位年齢・没年齢は日本書紀の記述による。**太字**は各種資料より推測。　〈出典〉各種資料より編集部作成

付録③ 退位した天皇の退位理由一覧

代	追号	生没年	在位期間	退位に至る経過・背景等
第35代	皇極天皇	594～661	642～645	「中大兄皇子らが蘇我氏本家を滅ぼして、大化改新に着手したのを機会に、皇位を弟の軽皇子(孝徳天皇)に譲る。」(『歴代天皇・年号事典』、以下『事典』と略称)
第41代	持統天皇	645～702	690～697	「太政大臣高市皇子の死を機に、草壁の子の軽皇子(文武天皇)を皇太子とし、持統十一年八月皇位を軽に譲り、太上天皇となって文武とともに政治を行う。」『事典』
第43代	元明天皇	661～721	707～715	「霊亀元年(715)九月二日皇太子がまだ幼少のため氷高内親王(元正天皇)に譲位した。」『事典』
第44代	元正天皇	680～748	715～724	「皇太子首皇子が若年のため元明天皇の譲りをうけて即位した。中継ぎの意と解される。… 神亀元年(724)二月四日皇太子首皇子(聖武天皇)に譲位した。」『事典』
第45代	聖武天皇	701～756	724～749	「(天平)十年(738)正月、まず阿倍内親王(光明子所生)の立太子を実現させるが、… 十七年… 天皇はこのころから次第に健康を害するようになったらしく、以後しばしば不予の事実が伝えられ、… 二十一年… 四月、天皇は東大寺に行幸して、みずから「三宝の奴」と称し、また元号を天平感宝と改めている。… 天皇は… 薬師寺宮に遷り、七月二日、位を皇太子に譲った。」『事典』
第46代	孝謙天皇	718～770	749～758	「聖武太上天皇の崩後、遺詔による皇太子道祖王を廃して、仲麻呂と親しい大炊王(淳仁天皇)を立て、天平宝字二年八月に位を譲った。」『事典』
第47代	淳仁天皇	733～765	758～764	「その治世は仲麻呂の専権の時期で、… 仲麻呂は反乱を企てて上皇方に鎮圧され、… 天皇は廃されて淡路に幽閉された。」『事典』
第49代	光仁天皇	709～781	770～781	「天応元年(781)四月三日、病気により山部親王に譲位、同年十二月二十三日、崩御。」『事典』
第51代	平城天皇	774～824	806～809	「大同四年四月病気のため位を弟嵯峨天皇に譲り上皇となる。」『事典』
第52代	嵯峨天皇	786～842	809～823	「弘仁十四年(823)四月十六日皇太弟大伴親王(淳和天皇)に譲位後は…風流韻事を事とした。」『事典』
第53代	淳和天皇	786～840	823～833	「天長十年(833)二月二十八日皇太子正良親王(仁明天皇)への譲位後は淳和院に住み、承和七年(840)五月八日死去。」『事典』
第56代	清和天皇	850～880	858～876	「貞観十八年(876)十一月二十九日、皇太子貞明親王(陽成天皇)に譲位し、元慶三年(879)五月八日夜落飾入道。… 翌年十二月四日粟田院で死去。」『事典』
第57代	陽成天皇	868～949	876～884	「その遜位については、病弱説(『日本三代実録』)と天皇の乱行を憂えた基経により廃位されたとする暴君説(『愚管抄』)とがあるが、後者の説が今日一般的である。」『事典』
第59代	宇多天皇	867～931	887～897	「寛平九年(897)七月三日、三十一歳で皇太子敦仁親王(醍醐天皇)に譲位、… 天皇は幼時より仏教に篤信し、昌泰二年(898)十月十四日、仁和寺で出家、… 太上天皇の尊号を辞して法皇と称した。」『事典』
第60代	醍醐天皇	885～930	897～930	「延長八年(930)病床に伏し、九月二十二日大漸に及んで皇太子寛明親王(朱雀天皇)に譲位、二十九日落飾して金剛宝と称し、同日四十六歳で崩御。」『事典』
第61代	朱雀天皇	923～952	930～946	「(母)穏子の偏愛の中で育ち、病弱であった。… 在世中天災や疫疾がしばしばおこり、承平・天慶の乱が出来し、治安が乱れた。天慶九年(946)四月二十日に譲位し、天暦六年(952)三月十四日に出家。」『事典』
第63代	冷泉天皇	950～1011	967～969	「幼少のころより異常な行動が多く、… 治世は外戚の師輔流藤原氏の勢力伸張に利用された。… 安和二年三月、安和の変で(源)高明が失脚、八月十三日に円融天皇に譲位し、(皇子)師貞が東宮となった。」『事典』

代	追号	生没年	在位期間	退位に至る経過・背景等
第64代	円融天皇	959～991	969～984	「永観二年(984)八月二十七日、皇太子師貞親王(花山天皇)に譲位。寛和元年(985)病気により出家、… 正暦二年(991)二月十二日円融寺に崩じた。… 天皇は譲位後、御願寺円融寺の経営や多彩な御幸・御遊を行い、また院司を駆使して花山・一条朝の政治に口入するなど、その権威は藤原兼家をも憚らしめたが、三十三歳の壮年をもって崩じたため、藤原道隆・道長による摂関全盛の出現をみた。」『事典』
第65代	花山天皇	968～1008	984～986	「寵愛する女御藤原忯子(為光の女)の死に心をいためた天皇は、… 東山の花山寺に入って出家した。これは外孫の皇太子懐仁親王(一条天皇)を即位させようとする右大臣藤原兼家の陰謀に乗ぜられたもの。」『事典』
第66代	一条天皇	980～1011	986～1011	「寛弘八年(1011)六月十三日、病により従兄にあたる東宮居貞親王(三条天皇)に譲位、同月二十二日、一条院に崩御。」『事典』
第67代	三条天皇	976～1017	1011～1016	「天皇の在位中は藤原道長の全盛期で、しばしば軋轢があったが、天皇の眼病による皇位継承問題がおこると、道長は外孫の敦成親王の擁立を図り、天皇は、皇子敦明親王を皇太子に立てることで、みずからも譲位した。」『事典』
第69代	後朱雀天皇	1009～1045	1036～1045	「寛徳二年(1045)正月十六日、位を後冷泉天皇に譲り、同月十八日落飾、… 同日、東三条第で崩御。」『事典』
第71代	後三条天皇	1034～1073	1068～1072	「延久四年(1072)十二月八日位を皇太子貞仁親王(白河天皇)に譲り、同時に女御源基子の所生の皇子実仁親王を皇太弟に立てた。この譲位を天皇が院政を始めるためとする説が古くからあるが、確証はなく、病気のためとする説が有力であり、また実仁親王を東宮に立てるのも目的の一つと考えられている。」『事典』
第72代	白河天皇	1053～1129	1072～1086	「応徳二年(1085)皇太子(実仁親王)が病没すると、翌年十一月二十六日、皇子善仁親王を皇太子に立て、即日譲位した。ただ新帝堀河天皇はまだ八歳の幼少であったため、おのずから上皇の庇護後見を必要とし、さらに嘉承二年(1107)、鳥羽天皇が五歳の幼少で践祚するに及び、上皇の執政はいよいよ本格化した。」『事典』
第74代	鳥羽天皇	1103～1156	1107～1123	「元永二年(1119)皇子が生れるや、曾孫の速やかな即位を望む(白河)上皇の意向により、保安四年(1123)正月二十八日、皇子(崇徳天皇)に位を譲って上皇となった。」『事典』
第75代	崇徳天皇	1119～1164	1123～1141	「大治四年(1129)(白河)法皇が崩じ、鳥羽上皇の執政が始まると、天皇をとりまく情勢はきびしくなり、永治元年(1141)十二月七日、心ならずも上皇の寵妃美福門院の生んだ近衛天皇に位を譲った。」『事典』
第77代	後白河天皇	1127～1192	1155～1158	「保元三年(1158)八月十一日、皇子の二条天皇に譲位、上皇として院政を始め、院政は一時の中断もあったが、二条・六条・高倉・安徳・後鳥羽天皇の五代、三十余年に及んだ。」『事典』
第78代	二条天皇	1143～1165	1158～1165	「永万元年(1165)位を皇太子順仁親王(六条天皇)に譲り、七月二十八日崩じた。… 政事は関白基実と相談して決めたので、院(後白河)との関係は穏やかでなかった。」『事典』
第79代	六条天皇	1164～1176	1165～1168	「父二条天皇が病弱であったための即位であったが、国務は祖父の後白河上皇がみた。三年後に五歳で退位。元服以前に太上天皇を称した初例である。」『事典』
第80代	高倉天皇	1161～1181	1168～1180	「清盛のクーデターにより、(後白河)法皇の近臣は追放され、法皇は鳥羽殿に幽閉された。天皇は、父法皇と岳父清盛との対立を憂い、治承四年(1180)二月二十一日皇太子(言仁親王)に譲位した。」『事典』
第82代	後鳥羽天皇	1180～1239	1183～1198	「建久九年(1198)正月、後鳥羽天皇は為仁(土御門天皇)に譲位して院政を始め、承久三年(1221)まで、土御門・順徳・仲恭天皇の三代、二十三年にわたり院政を行なった。」『事典』
第83代	土御門天皇	1195～1231	1198～1210	「承元四年(1210)十一月二十五日、後鳥羽上皇の命令により、皇弟の順徳天皇に譲位した。」『事典』

代	追号	生没年	在位期間	退位に至る経過・背景等
第84代	順徳天皇	1197～1242	1210～1221	「天皇は、父（後鳥羽）上皇の倒幕計画には熱心に参与した。このため、承久三年（1221）四月二十日には皇太子懐成に位を譲り、上皇の立場に退いて倒幕に備えた。」『事典』
第85代	仲恭天皇	1218～1234	1221	「承久の乱の結果、承久三年七月九日、鎌倉幕府の沙汰によって譲位させられ、後堀河天皇に代わった。仲恭天皇は、正式な即位礼や大嘗祭などもないうちに、わずか八十日ほどで譲位したため、半帝・後廃帝・九条廃帝などと呼ばれる。」『事典』
第86代	後堀河天皇	1212～1234	1221～1232	「蒲柳の質（病弱な体質）であった天皇の退位の願いと、次の天皇の外祖父の立場に立とうとする（九条）道家の野心とが一致し、貞永元年（1232）十月四日、二歳の皇子に譲位。」『事典』
第88代	後嵯峨天皇	1220～1272	1242～1246	「在位四年ののち寛元四年（1246）、皇子の久仁親王（後深草天皇）に譲位し、さらに正元元年（1259）には久仁に命じて弟の恒仁親王（亀山天皇）に譲位させたが、この後深草・亀山両天皇の二代二十六年余りにわたり、後嵯峨上皇は治天の君として院政を行なった。」『事典』
第89代	後深草天皇	1243～1304	1246～1259	「正元元年（1259）十一月父（後嵯峨上皇）の命によって弟の亀山天皇に譲位した。後嵯峨上皇は後深草天皇よりも亀山天皇を愛しており、後深草上皇に皇子があるにもかかわらず、文永五年（1268）八月亀山天皇の皇子世仁親王を皇太子とした。… 後深草系の持明院統と亀山系の大覚寺統との対立が生れる端緒となった。」『事典』
第90代	亀山天皇	1249～1305	1259～1274	「文永十一年（1274）正月二十六日、にわかに東宮（後宇多天皇）に譲位。… 父母の寵愛深く、文永九年二月、後嵯峨法皇崩御後、天皇が「治天の君」とされたのも、大宮院（天皇の母）が幕府に対して、後嵯峨の素意が亀山にあったと証言したことがきめてとなったのである。」『事典』
第91代	後宇多天皇	1267～1324	1274～1287	「亀山上皇が院政を行い、後宇多天皇が即位したことについては、亀山の兄の後深草上皇が不満を抱いており、ここに後深草系の持明院統と、亀山系の大覚寺統との対立を見るに至った。後深草に同情した幕府は、その皇子の熙仁を皇太子に立て、弘安十年十月、後宇多天皇は熙仁（伏見天皇）に譲位し、後深草上皇が院政を行うことになった。」『事典』
第92代	伏見天皇	1265～1317	1287～1298	「天皇側近の京極為兼が関東申次西園寺実兼と対立し、実兼は大覚寺統に接近して鎌倉幕府の干渉も強くなり形勢が逆転した。天皇は永仁六年（1298）七月二十二日譲位となり、御子の後伏見天皇も在位三年たらずで退位し、皇位は大覚寺統の後二条天皇に移った。」『事典』
第93代	後伏見天皇	1288～1336	1298～1301	「正安三年正月二十一日、関東申次西園寺実兼の画策によって立てられていた大覚寺統の東宮（後二条天皇）に譲位。」『事典』
第95代	花園天皇	1297～1348	1308～1318	「天皇より九歳年長である大覚寺統の尊治親王（後醍醐天皇）を皇太子とした。… 十一年間の在位中、前半は父伏見上皇の、後半は兄後伏見上皇の院政が行われ、文保二年（1318）二月二十六日、後醍醐天皇に譲位した。」『事典』
第96代	後醍醐天皇	1288～1339	1318～1339	「（建武三年、1336）十二月には吉野へ潜幸して南朝を樹立した（南北朝分裂）。…（皇子）義良親王は延元四年（北朝暦応2年、1339）三月に、吉野に帰り皇太子となった。同八月十五日、天皇は義良親王（後村上天皇）に譲位し、翌十六日、朝敵討滅・京都奪回を遺言にして病没した。」『事典』
第98代	長慶天皇	1343～1394	1368～1383	「弘和三年（北朝永徳3、1384）十月末、十一月初めころまで在位は確実であるが、同年末か、翌元中元年（北朝至徳元、1384）閏九月前の間に譲位した。譲位後しばらく院政を行なった証拠があり、… 和泉の長慶院なる禅院に居住したことが推測される。しかして応永元年（1394）八月一日崩じた。」『事典』
第99代	後亀山天皇	?～1424	1383～1392	「元中九年（北朝明徳3年、1392）閏十月南北朝合一によって退位した。… これより先、同年十月十三日足利義満より両朝媾和についての条件の提示があり、天皇はついにこれを受諾、同二十八日神器を奉じ、…（閏十月）五日神器が大覚寺より禁裏に渡御。」『事典』

代	追号	生没年	在位期間	退位に至る経過・背景等
第100代	後小松天皇	1377～1433	1382～1412	「三十六歳の応永十九年(1412)八月二十九日、十二歳の第一皇子(称光天皇)に譲位し、東洞院の仙洞御所(一条正親町)で院政をとった。称光天皇が崩じると、後崇光院の皇子を上皇の猶子として即位させ(後花園天皇)、院政を続けた。」『事典』
第102代	後花園天皇	1419～1470	1428～1464	「天皇は、はじめの数年間は後小松上皇の院政をうけたが、上皇の崩後三十一年間は親政で臨んだ。寛正五年(1464)七月十九日、皇子(後土御門天皇)に譲位し、東洞院の仙洞御所で左大臣足利義政を院執事にして院政をとった。」『事典』
第106代	正親町天皇	1517～1593	1557～1586	「天正十三年(1585)、秀吉は関白に任ぜられ、国内もおおむね平定するに至ったが、翌十四年十一月七日天皇は皇孫和仁親王(後陽成天皇)に譲位された。」『事典』
第107代	後陽成天皇	1571～1617	1586～1611	「在位二十六年を数え、慶長十六年三月二十七日政仁親王(後水尾天皇)に譲位。」『事典』
第108代	後水尾天皇	1596～1680	1611～1629	「天皇の在位時は、… 朝廷の内政・特権に対する露骨な干渉も相ついで行われた。このため天皇は憤懣抑えがたく、あえて幕府に諮ることなく譲位を決行したのであった。」『事典』
第109代	明正天皇	1623～1696	1629～1643	「在位十五年にわたり、その間父上皇が院政をとったが、寛永二十年十月三日皇弟紹仁親王(後光明天皇)に譲位。」『事典』
第111代	後西天皇	1637～1685	1654～1663	「承応三年(1654)九月後光明天皇が崩御すると、同天皇の養子となった皇弟識仁親王(霊元天皇)の成長までしばらく皇位を継ぐこととなり、… 在位十年にわたったが、寛文三年(1663)正月二十六日識仁親王に譲位。」『事典』
第112代	霊元天皇	1654～1732	1663～1687	「在位二十四年にして、貞享四年(1687)三月二十一日皇太子朝仁親王(東山天皇)に譲位、この後元禄六年(1693)十一月まで院政。」『事典』
第113代	東山天皇	1675～1709	1687～1709	「在位二十二年にわたったが、その間朝幕間の融和が進み、… 宝永六年(1709)六月二十一日皇太子慶仁親王(中御門天皇)に譲位。」『事典』
第114代	中御門天皇	1701～1737	1709～1735	「享保二十年(1735)三月二十一日皇太子昭仁親王(桜町天皇)に譲位。元文二年(1737)四月十一日崩御。… 天皇の在位は、江戸幕府の六代将軍徳川家宣から八代将軍吉宗に及ぶ年代に相当するが、閑院宮の創立その他に見られるように朝幕関係はすこぶる良好であった。」『事典』
第115代	桜町天皇	1720～1750	1735～1747	「延享四年(1747)五月二日皇太子遐仁親王(桃園天皇)に譲位、ついで寛延三年(1750)四月二十三日、三十一歳をもって崩御。… 天皇は在位十三年にわたった。」『事典』
第117代	後桜町天皇	1740～1813	1762～1770	「宝暦十二年(1762)七月桃園天皇の崩御に際し、儲君英仁親王(後桃園天皇)が幼少なため、その成長まで皇位を継ぐことになり、… 明和五年(1768)二月英仁親王を皇太子に立て、同七年十一月二十四日譲位。… 幼少の後桃園・光格二天皇が相ついで践祚したため、院中にあって輔導の任にあたり、常に懇篤な教訓を垂れた。」『事典』
第119代	光格天皇	1771～1840	1779～1817	「在位三十九年にして、文化十四年(1817)三月二十二日皇太子恵仁親王(仁孝天皇)に譲位、天保十一年(1840)十一月十九日七十歳をもって崩御。」『事典』

*「宣命の有無等」の欄は、『帝室制度史』第3巻(昭和14年)等により、「詔」や「宣命」が確認できる場合は、その旨を　また、「詔」や「宣命」以外で退位の理由が分かるものは理由を記した。
*「退位に至る経過・背景等」は、米田雄介編『歴代天皇・年号事典』(吉川弘文館、平成15年)による。

〈出典〉首相官邸ホームページ「天皇の公務の負担軽減等に関する有識者会議」第2回、参考資料4
http://www.kantei.go.jp/jp/singi/koumu_keigen/dai2/sankou4.pd

付録④

象徴としてのお務めについての天皇陛下のおことば（平成28年8月8日）

戦後70年という大きな節目を過ぎ、2年後には、平成30年を迎えます。

私も80を越え、体力の面などから様々な制約を覚えることもあり、ここ数年、天皇としての自らの歩みを振り返るとともに、この先の自分の在り方や務めにつき、思いを致すようになりました。

本日は、社会の高齢化が進む中、天皇もまた高齢となった場合、どのような在り方が望ましいか、天皇という立場上、現行の皇室制度に具体的に触れることは控えながら、私が個人として、これまでに考えて来たことを話したいと思います。

即位以来、私は国事行為を行うと共に、日本国憲法下で象徴と位置づけられた天皇の望ましい在り方を、日々模索しつつ過ごして来ました。伝統の継承者として、これを守り続ける責任に深く思いを致し、更に日々新たになる日本と世界の中にあって、日本の皇室が、いかに伝統を現代に生かし、いきいきとして社会に内在し、人々の期待に応えていくかを考えつつ、今日に至っています。

そのような中、何年か前のことになりますが、2度の外科手術を受け、加えて高齢による体力の低下を覚えるようになった頃から、これから先、従来のように重い務めを果たすことが困難になった場合、どのように身を処していくことが、国にとり、国民にとり、また、私のあとを歩む皇族にとり良いことであるかにつき、考えるようになりました。既に80を越え、幸いに健康であるとは申せ、次第に進む身体の衰えを考慮する時、これまでのように、全身全霊をもって象徴の務めを果たしていくことが、難しくなるのではないかと案じています。

私が天皇の位についてから、ほぼ28年、この間《かん》私は、我が国における多くの喜びの時、また悲しみの時を、人々と共に過ごして来ました。私はこれまで天皇の務めとして、何よりもまず国民の安寧と幸せを祈ることを大切に考えて来ましたが、同時に事にあたっては、時として人々の傍らに立ち、その声に耳を傾け、思いに寄り添うことも大切なことと考えて来ました。天皇が象徴であると共に、国民統合の象徴としての役割を果たすためには、天皇が国民に、天皇という象徴の立場への理解を求めると共に、天皇もまた、自らのありように深く心し、国民に対する理解を深め、常に国民と共にある自覚を自らの内に育てる必要を感じて来ました。こうした意味において、日本の各地、とりわけ遠隔の地や島々への旅も、私は天皇の象徴的行為として、大切なものと感じて来ました。皇太子の時代も含め、これまで私が皇后と共に行《おこな》って来たほぼ全国に及ぶ旅は、国内のどこにおいても、その地域を愛し、その共同体を地道に支える市井《しせい》の人々のあることを私に認識させ、私がこの認識をもって、天皇として大切な、国民を思い、国民のために祈るという務めを、人々への深い信頼と敬愛をもってなし得たことは、幸せなことでした。

天皇の高齢化に伴う対処の仕方が、国事行為や、その象徴としての行為を限りなく縮小していくことには、無理があろうと思われます。また、天皇が未成年であったり、重病などによりその機能を果たし得なくなった場合には、天皇の行為を代行する摂政を置くことも考えられます。しかし、この場合も、天皇が十分にその立場に求められる務めを果たせぬまま、生涯の終わりに至るまで天皇であり続けることに変わりはありません。

天皇が健康を損ない、深刻な状態に立ち至った場合、これまでにも見られたように、社会が停滞し、国民の暮らしにも様々な影響が及ぶことが懸念されます。更にこれまでの皇室のしきたりとして、天皇の終焉に当たっては、重い殯《もがり》の行事が連日ほぼ2ヶ月にわたって続き、その後喪儀《そうぎ》に関連する行事が、1年間続きます。その様々な行事と、新時代に関わる諸行事が同時に進行することから、行事に関わる人々、とりわけ残される家族は、非常に厳しい状況下に置かれざるを得ません。こうした事態を避けることは出来ないものだろうかとの思いが、胸に去来することもあります。

始めにも述べましたように、憲法の下《もと》、天皇は国政に関する権能を有しません。そうした中で、このたび我が国の長い天皇の歴史を改めて振り返りつつ、これからも皇室がどのような時にも国民と共にあり、相たずさえてこの国の未来を築いていけるよう、そして象徴天皇の務めが常に途切れることなく、安定的に続いていくことをひとえに念じ、ここに私の気持ちをお話しいたしました。
国民の理解を得られることを、切に願っています。

付録⑤

日本国憲法の天皇に関する条文

朕は、日本国民の総意に基いて、新日本建設の礎が、定まるに至つたことを、深くよろこび、枢密顧問の諮詢《しじゅん》及び帝国憲法第七十三条による帝国議会の議決を経た帝国憲法の改正を裁可し、ここにこれを公布せしめる。

御名御璽

昭和二十一年十一月三日

日本国憲法

第一章　天皇

第一条　天皇は、日本国の象徴であり日本国民統合の象徴であつて、この地位は、主権の存する日本国民の総意に基く。

第二条　皇位は、世襲のものであつて、国会の議決した皇室典範の定めるところにより、これを継承する。

第三条　天皇の国事に関するすべての行為には、内閣の助言と承認を必要とし、内閣が、その責任を負ふ。

第四条　天皇は、この憲法の定める国事に関する行為のみを行ひ、国政に関する権能を有しない。

②　天皇は、法律の定めるところにより、その国事に関する行為を委任することができる。

第五条　皇室典範の定めるところにより摂政を置くときは、摂政は、天皇の名でその国事に関する行為を行ふ。この場合には、前条第一項の規定を準用する。

第六条　天皇は、国会の指名に基いて、内閣総理大臣を任命する。

②　天皇は、内閣の指名に基いて、最高裁判所の長たる裁判官を任命する。

第七条　天皇は、内閣の助言と承認により、国民のために、左の国事に関する行為を行ふ。

一　憲法改正、法律、政令及び条約を公布すること。
二　国会を召集すること。
三　衆議院を解散すること。
四　国会議員の総選挙の施行を公示すること。
五　国務大臣及び法律の定めるその他の官吏の任免並びに全権委任状及び大使及び公使の信任状を認証すること。
六　大赦、特赦、減刑、刑の執行の免除及び復権を認証すること。
七　栄典を授与すること。
八　批准書及び法律の定めるその他の外交文書を認証すること。
九　外国の大使及び公使を接受すること。
十　儀式を行ふこと。

第八条　皇室に財産を譲り渡し、又は皇室が、財産を譲り受け、若しくは賜与することは、国会の議決に基かなければならない。

第七章　財政

第八十八条　すべて皇室財産は、国に属する。すべて皇室の費用は、予算に計上して国会の議決を経なければならない。

第九章　改正

第九十六条　この憲法の改正は、各議院の総議員の三分の二以上の賛成で、国会が、これを発議し、国民に提案してその承認を経なければならない。この承認には、特別の国民投票又は国会の定める選挙の際行はれる投票において、その過半数の賛成を必要とする。

②　憲法改正について前項の承認を経たときは、天皇は、国民の名で、この憲法と一体を成すものとして、直ちにこれを公布する。

第十章　最高法規

第九十九条　天皇又は摂政及び国務大臣、国会議員、裁判官その他の公務員は、この憲法を尊重し擁護する義務を負ふ。

付録⑥

皇室典範全文

告文

朕は、枢密顧問の諮詢を経て、帝国議会の協賛を経た皇室典範を裁可し、ここにこれを公布せしめる。

御名御璽

昭和二十二年一月一五日

皇室典範

第一章　皇位継承

第一条　皇位は、皇統に属する男系の男子が、これを継承する。

第二条　皇位は、左の順序により、皇族に、これを伝える。

一　皇長子
二　皇長孫
三　その他の皇長子の子孫
四　皇次子及びその子孫
五　その他の皇子孫
六　皇兄弟及びその子孫
七　皇伯叔父及びその子孫

②　前項各号の皇族がないときは、皇位は、それ以上で、最近親の系統の皇族に、これを伝える。

③　前二項の場合においては、長系を先にし、同等内では、長を先にする。

第三条　皇嗣に、精神若しくは身体の不治の重患があり、又は重大な事故があるときは、皇室会議の議により、前条に定める順序に従つて、皇位継承の順序を変えることができる。

第四条　天皇が崩じたときは、皇嗣が、直ちに即位する。

第二章　皇族

第五条　皇后、太皇太后、皇太后、親王、親王妃、内親王、王、王妃及び女王を皇族とする。
第六条　嫡出の皇子及び嫡男系嫡出の皇孫は、男を親王、女を内親王とし、三世以下の嫡男系嫡出の子孫は、男を王、女を女王とする。
第七条　王が皇位を継承したときは、その兄弟姉妹たる王及び女王は、特にこれを親王及び内親王とする。
第八条　皇嗣たる皇子を皇太子という。皇太子のないときは、皇嗣たる皇孫を皇太孫という。
第九条　天皇及び皇族は、養子をすることができない。
第十条　立后及び皇族男子の婚姻は、皇室会議の議を経ることを要する。
第十一条　年齢十五年以上の内親王、王及び女王は、その意思に基き、皇室会議の議により、皇族の身分を離れる。
②　親王（皇太子及び皇太孫を除く。）、内親王、王及び女王は、前項の場合の外、

やむを得ない特別の事由があるときは、皇室会議の議により、皇族の身分を離れる。

第十二条　皇族女子は、天皇及び皇族以外の者と婚姻したときは、皇族の身分を離れる。

第十三条　皇族の身分を離れる親王又は王の妃並びに直系卑属及びその妃は、他の皇族と婚姻した女子及びその直系卑属を除き、同時に皇族の身分を離れる。但し、直系卑属及びその妃については、皇室会議の議により、皇族の身分を離れないものとすることができる。

第十四条　皇族以外の女子で親王妃又は王妃となつた者が、その夫を失つたときは、その意思により、皇族の身分を離れることができる。

② 前項の者が、その夫を失つたときは、同項による場合の外、やむを得ない特別の事由があるときは、皇室会議の議により、皇族の身分を離れる。

③ 第一項の者は、離婚したときは、皇族の身分を離れる。

④ 第一項及び前項の規定は、前条の他の皇族と婚姻した女子に、これを準用する。

第十五条　皇族以外の者及びその子孫は、女子が皇后となる場合及び皇族男子と婚姻する場合を除いては、皇族となることがない。

第三章　摂政

第十六条　天皇が成年に達しないときは、摂政を置く。

②　天皇が、精神若しくは身体の重患又は重大な事故により、国事に関する行為をみずからすることができないときは、皇室会議の議により、摂政を置く。

第十七条　摂政は、左の順序により、成年に達した皇族が、これに就任する。

一　皇太子又は皇太孫
二　親王及び王
三　皇后
四　皇太后
五　太皇太后
六　内親王及び女王

②　前項第二号の場合においては、皇位継承の順序に従い、同項第六号の場合に

おいては、皇位継承の順序に準ずる。

第十八条　摂政又は摂政となる順位にあたる者に、精神若しくは身体の重患があり、又は重大な事故があるときは、皇室会議の議により、前条に定める順序に従つて、摂政又は摂政となる順序を変えることができる。

第十九条　摂政となる順位にあたる者が、成年に達しないため、又は前条の故障があるために、他の皇族が、摂政となつたときは、先順位にあたつていた皇族が、成年に達し、又は故障がなくなつたときでも、皇太子又は皇太孫に対する場合を除いては、摂政の任を譲ることがない。

第二十条　第十六条第二項の故障がなくなつたときは、皇室会議の議により、摂政を廃する。

第二十一条　摂政は、その在任中、訴追されない。但し、これがため、訴追の権利は、害されない。

第四章　成年、敬称、即位の礼、大喪の礼、皇統譜及び陵墓

第二十二条　天皇、皇太子及び皇太孫の成年は、十八年とする。

第二十三条　天皇、皇后、太皇太后及び皇太后の敬称は、陛下とする。
②　前項の皇族以外の皇族の敬称は、殿下とする。
第二十四条　皇位の継承があつたときは、即位の礼を行う。
第二十五条　天皇が崩じたときは、大喪の礼を行う。
第二十六条　天皇及び皇族の身分に関する事項は、これを皇統譜に登録する。
第二十七条　天皇、皇后、太皇太后及び皇太后を葬る所を陵、その他の皇族を葬る所を墓とし、陵及び墓に関する事項は、これを陵籍及び墓籍に登録する。

第五章　皇室会議

第二十八条　皇室会議は、議員十人でこれを組織する。
②　議員は、皇族二人、衆議院及び参議院の議長及び副議長、内閣総理大臣、宮内庁の長並びに最高裁判所の長たる裁判官及びその他の裁判官一人を以《もっ》て、これに充てる。
③　議員となる皇族及び最高裁判所の長たる裁判官以外の裁判官は、各々《おのおの》成年に達した皇族又は最高裁判所の長たる裁判官以外の裁判官の互選による。

第二十九条　内閣総理大臣たる議員は、皇室会議の議長となる。

第三十条　皇室会議に、予備議員十人を置く。

② 皇族及び最高裁判所の裁判官たる議員の予備議員については、第二十八条第三項の規定を準用する。

③ 衆議院及び参議院の議長及び副議長たる議員の予備議員は、各々衆議院及び参議院の議員の互選による。

④ 前二項の予備議員の員数は、各々その議員の員数と同数とし、その職務を行う順序は、互選の際、これを定める。

⑤ 内閣総理大臣たる議員の予備議員は、内閣法の規定により臨時に内閣総理大臣の職務を行う者として指定された国務大臣を以て、これに充てる。

⑥ 宮内庁の長たる議員の予備議員は、内閣総理大臣の指定する宮内庁の官吏を以て、これに充てる。

⑦ 議員に事故のあるとき、又は議員が欠けたときは、その予備議員が、その職務を行う。

第三十一条　第二十八条及び前条において、衆議院の議長、副議長又は議員とあるのは、衆議院が解散されたときは、後任者の定まるまでは、各々解散の際衆議院の議長、副議長又は議員であつた者とする。

第三十二条　皇族及び最高裁判所の長たる裁判官以外の裁判官たる議員及び予備議員の任期は、四年とする。

第三十三条　皇室会議は、議長が、これを招集する。

② 皇室会議は、第三条、第十六条第二項、第十八条及び第二十条の場合には、四人以上の議員の要求があるときは、これを招集することを要する。

第三十四条　皇室会議は、六人以上の議員の出席がなければ、議事を開き議決することができない。

第三十五条　皇室会議の議事は、第三条、第十六条第二項、第十八条及び第二十条の場合には、出席した議員の三分の二以上の多数でこれを決し、その他の場合には、過半数でこれを決する。

② 前項後段の場合において、可否同数のときは、議長の決するところによる。

第三十六条　議員は、自分の利害に特別の関係のある議事には、参与することができない。

第三十七条　皇室会議は、この法律及び他の法律に基く権限のみを行う。

附則

① この法律は、日本国憲法施行の日から、これを施行する。

② 現在の皇族は、この法律による皇族とし、第六条の規定の適用については、これを嫡男系嫡出の者とする。

③ 現在の陵及び墓は、これを第二十七条の陵及び墓とする。

附則（昭和二四年五月三一日法律第一三四号）**抄**

一　この法律は、昭和二十四年六月一日から施行する。

付録⑦
大日本帝国憲法の天皇に関する条文

告文

皇朕《すめらわ》レ謹ミ畏《かしこ》ミ
皇祖
皇宗ノ神霊ニ誥《つ》ケ白《もう》サク皇朕レ天壌無窮ノ宏謨《こうぼ》ニ循《したが》ヒ惟神《かむながら》ノ宝祚《ほうそ》ヲ承継シ旧図ヲ保
持シテ敢《あえ》テ失墜スルコト無シ顧ミルニ世局ノ進運ニ膺《あた》リ人文ノ発達ニ随《したが》ヒ宜《よろし》ク
皇祖
皇宗ノ遺訓ヲ明徴ニシ典憲ヲ成立シ条章ヲ昭示シ内ハ以テ子孫ノ率由スル所ト為《な》シ
外ハ以テ臣民翼賛ノ道ヲ広メ永遠ニ遵行セシメ益々国家ノ丕基《ひき》ヲ鞏固《きょうこ》ニシ八洲《やしま》民生
ノ慶福ヲ増進スヘシ茲《ここ》ニ皇室典範及憲法ヲ制定ス惟《おも》フニ此《こ》レ皆
皇祖
皇宗ノ後裔《こうえい》ニ貽《のこ》シタマヘル統治ノ洪範ヲ紹述スルニ外ナラス而シテ朕カ躬《み》ニ逮《およ》テ時

ト倶《とも》ニ挙行スルコトヲ得ルハ洵《まこと》ニ
皇祖
皇宗及我カ
皇考ノ威霊ニ倚藉《いしゃ》スルニ由《よ》ラサルハ無シ皇朕レ仰《あおぎ》テ
皇祖
皇宗及
皇考ノ神祐ヲ禱《いの》リ併セテ朕カ現在及将来ニ臣民ニ率先シ此ノ憲章ヲ履行シテ愆《あやま》ラサ
ラムコトヲ誓フ庶幾《こいねがわ》クハ
神霊此レヲ鑑ミタマヘ

憲法発布勅語

朕国家ノ隆昌《りゅうしょう》ト臣民ノ慶福トヲ以テ中心ノ欣栄《きんえい》トシ朕カ祖宗ニ承クルノ大権ニ依《よ》リ
現在及将来ノ臣民ニ対シ此ノ不磨ノ大典ヲ宣布ス
惟フニ我カ祖我カ宗ハ我カ臣民祖先ノ協力輔翼《ほよく》ニ倚《よ》リ我カ帝国ヲ肇造《ちょうぞう》シ以テ無窮ニ
垂レタリ此レ我カ神聖ナル祖宗ノ威徳ト並ニ臣民ノ忠実勇武ニシテ国ヲ愛シ公ニ殉《したが》

ヒ以テ此ノ光輝アル国史ノ成跡ヲ貽シタルナリ朕我カ臣民ハ即チ祖宗ノ忠良ナル臣民ノ子孫ナルヲ回想シ其《そ》ノ朕カ意ヲ奉体シ朕カ事ヲ奨順シ相与《あいとも》ニ和衷協同シ益々我カ帝国ノ光栄ヲ中外ニ宣揚シ祖宗ノ遺業ヲ永久ニ鞏固ナラシムルノ希望ヲ同クシ此ノ負担ヲ分ツニ堪フルコトヲ疑ハサルナリ

大日本帝国憲法

上諭

朕祖宗ノ遺烈ヲ承ケ万世一系ノ帝位ヲ践《ふ》ミ朕カ親愛スル所ノ臣民ハ即チ朕カ祖宗ノ恵撫《けいぶ》慈養シタマヒシ所ノ臣民ナルヲ念《おも》ヒ其ノ康福ヲ増進シ其ノ懿徳《いとく》良能ヲ発達セシメムコトヲ願ヒ又其ノ翼賛ニ依リ与《とも》ニ倶ニ国家ノ進運ヲ扶持セムコトヲ望ミ乃《すなわ》チ明治十四年十月十二日ノ詔命ヲ履践シ茲ニ大憲ヲ制定シ朕カ率由スル所ヲ示シ朕カ後嗣及臣民及臣民ノ子孫タル者ヲシテ永遠ニ循行スル所ヲ知ラシム

国家統治ノ大権ハ朕カ之《これ》ヲ祖宗ニ承《う》ケテ之ヲ子孫ニ伝フル所ナリ朕及朕カ子孫ハ将来此ノ憲法ノ条章ニ循ヒ之ヲ行フコトヲ愆ラサルヘシ

朕ハ我カ臣民ノ権利及財産ノ安全ヲ貴重シ及之ヲ保護シ此ノ憲法及法律ノ範囲内ニ於《お》テ其ノ享有ヲ完全ナラシムヘキコトヲ宣言ス

帝国議会ハ明治二十三年ヲ以テ之ヲ召集シ議会開会ノ時ヲ以テ此ノ憲法ヲシテ有効ナラシムルノ期トスヘシ

将来若《も》此ノ憲法ノ或《あ》ル条章ヲ改定スルノ必要ナル時宜ヲ見ルニ至ラハ朕及朕カ継統ノ子孫ハ発議ノ権ヲ執リ之ヲ議会ニ付シ議会ハ此ノ憲法ニ定メタル要件ニ依リ之ヲ議決スルノ外朕カ子孫及臣民ハ敢テ之カ紛更ヲ試ミルコトヲ得サルヘシ

朕カ在廷ノ大臣ハ朕カ為ニ此ノ憲法ヲ施行スルノ責ニ任スヘク朕カ現在及将来ノ臣民ハ此ノ憲法ニ対シ永遠ニ従順ノ義務ヲ負フヘシ

御名御璽

明治二十二年二月十一日

大日本帝国憲法

第一章　天皇

第一条　大日本帝国ハ万世一系ノ天皇之ヲ統治ス

第二条　皇位ハ皇室典範ノ定ムル所ニ依リ皇男子孫之ヲ継承ス

第三条　天皇ハ神聖ニシテ侵スヘカラス

第四条　天皇ハ国ノ元首ニシテ統治権ヲ総攬《そうらん》シ此ノ憲法ノ条規ニ依リ之ヲ行フ

第五条　天皇ハ帝国議会ノ協賛ヲ以テ立法権ヲ行フ

第六条　天皇ハ法律ヲ裁可シ其ノ公布及執行ヲ命ス

第七条　天皇ハ帝国議会ヲ召集シ其ノ開会閉会停会及衆議院ノ解散ヲ命ス

第八条　天皇ハ公共ノ安全ヲ保持シ又ハ其ノ災厄ヲ避クル為緊急ノ必要ニ由《よ》リ帝国議会閉会ノ場合ニ於テ法律ニ代ルヘキ勅令ヲ発ス

②　此ノ勅令ハ次ノ会期ニ於テ帝国議会ニ提出スヘシ若議会ニ於テ承諾セサルトキハ政府ハ将来ニ向テ其ノ効力ヲ失フコトヲ公布スヘシ

第九条　天皇ハ法律ヲ執行スル為ニ又ハ公共ノ安寧秩序ヲ保持シ及臣民ノ幸福ヲ増進スル為ニ必要ナル命令ヲ発シ又ハ発セシム但シ命令ヲ以テ法律ヲ変更スルコトヲ得ス

第十条　天皇ハ行政各部ノ官制及文武官ノ俸給ヲ定メ及文武官ヲ任免ス但シ此ノ憲法又ハ他ノ法律ニ特例ヲ掲ケタルモノハ各々其ノ条項ニ依ル

第十一条　天皇ハ陸海軍ヲ統帥ス

第十二条　天皇ハ陸海軍ノ編制及常備兵額ヲ定ム

第十三条　天皇ハ戦ヲ宣シ和ヲ講シ及諸般ノ条約ヲ締結ス

第十四条　天皇ハ戒厳ヲ宣告ス

②　戒厳ノ要件及効力ハ法律ヲ以テ之ヲ定ム

第十五条　天皇ハ爵位勲章及其ノ他ノ栄典ヲ授与ス

第十六条　天皇ハ大赦特赦減刑及復権ヲ命ス

第十七条　摂政ヲ置クハ皇室典範ノ定ムル所ニ依ル

②　摂政ハ天皇ノ名ニ於テ大権ヲ行フ

第二章　臣民権利義務

第三十一条　本章ニ掲ケタル条規ハ戦時又ハ国家事変ノ場合ニ於テ天皇大権ノ施行ヲ妨クルコトナシ

第三章　帝国議会

第三十四条　貴族院ハ貴族院令ノ定ムル所ニ依リ皇族華族及勅任セラレタル議員ヲ以テ組織ス

第四十二条　帝国議会ハ三箇月ヲ以テ会期トス必要アル場合ニ於テハ勅命ヲ以テ之ヲ延長スルコトアルヘシ

第四十三条　臨時緊急ノ必要アル場合ニ於テ常会ノ外臨時会ヲ召集スヘシ

② 臨時会ノ会期ヲ定ムルハ勅命ニ依ル

第四十五条　衆議院解散ヲ命セラレタルトキハ勅令ヲ以テ新ニ議員ヲ選挙セシメ解散ノ日ヨリ五箇月以内ニ之ヲ召集スヘシ

第四十九条　両議院ハ各々天皇ニ上奏スルコトヲ得

第四章　国務大臣及枢密顧問

第五十五条　国務各大臣ハ天皇ヲ輔弼《ほひつ》シ其ノ責ニ任ス

②　凡テ法律勅令其ノ他国務ニ関ル詔勅ハ国務大臣ノ副署ヲ要ス

第五十六条　枢密顧問ハ枢密院官制ノ定ムル所ニ依リ天皇ノ諮詢ニ応ヘ重要ノ国務ヲ審議ス

第五章　司法

第五十七条　司法権ハ天皇ノ名ニ於テ法律ニ依リ裁判所之ヲ行フ

②　裁判所ノ構成ハ法律ヲ以テ之ヲ定ム

第六章　会計

第六十六条　皇室経費ハ現在ノ定額ニ依リ毎年国庫ヨリ之ヲ支出シ将来増額ヲ要スル場合ヲ除ク外帝国議会ノ協賛ヲ要セス

付録⑧
旧皇室典範全文

天佑《てんゆう》ヲ享有シタル我カ日本帝国ノ宝祚《ほうそ》ハ万世一系歴代継承シ以テ朕カ躬ニ至ル惟フニ祖宗肇国ノ初大憲一タヒ定マリ昭《あきらか》ナルコト日星ノ如シ今ノ時ニ当リ宜《よろし》ク遺訓ヲ明徴ニシ皇家ノ成典ヲ制立シ以テ丕基ヲ永遠ニ鞏固ニスヘシ茲ニ枢密顧問ノ諮詢ヲ経皇室典範ヲ裁定シ朕カ後嗣及子孫ヲシテ遵守スル所アラシム

御名御璽

明治二十二年二月十一日

皇室典範

第一章　皇位継承

第一条　大日本国皇位ハ祖宗ノ皇統ニシテ男系ノ男子之ヲ継承ス
第二条　皇位ハ皇長子ニ伝フ
第三条　皇長子在ラサルトキハ皇長孫ニ伝フ皇長子及其ノ子孫皆在ラサルトキハ皇次子及其ノ子孫ニ伝フ以下皆之ニ例ス
第四条　皇子孫ノ皇位ヲ継承スルハ嫡出ヲ先ニス皇庶子孫ノ皇位ヲ継承スルハ皇嫡子孫皆在ラサルトキニ限ル
第五条　皇子孫皆在ラサルトキハ皇兄弟及其ノ子孫ニ伝フ
第六条　皇兄弟及其ノ子孫皆在ラサルトキハ皇伯叔父及其ノ子孫ニ伝フ
第七条　皇伯叔父及其ノ子孫皆在ラサルトキハ其ノ以上ニ於テ最近親ノ皇族ニ伝フ
第八条　皇兄弟以上ハ同等内ニ於テ嫡ヲ先ニシ庶ヲ後ニシ長ヲ先ニシ幼ヲ後ニス
第九条　皇嗣精神若ハ身体ノ不治ノ重患アリ又ハ重大ノ事故アルトキハ皇族会議及

枢密顧問ニ諮詢シ前数条ニ依リ継承ノ順序ヲ換フルコトヲ得

第二章　践祚《せんそ》即位

第十条　天皇崩スルトキハ皇嗣即チ践祚シ祖宗ノ神器ヲ承ク

第十一条　即位ノ礼及大嘗祭ハ京都ニ於テ之ヲ行フ

第十二条　践祚ノ後元号ヲ建テ一世ノ間ニ再ヒ改メサルコト明治元年ノ定制ニ従フ

第三章　成年立后立太子

第十三条　天皇及皇太子皇太孫ハ満十八年ヲ以テ成年トス

第十四条　前条ノ外ノ皇族ハ満二十年ヲ以テ成年トス

第十五条　儲嗣《ちょし》タル皇子ヲ皇太子トス皇太子在ラサルトキハ儲嗣タル皇孫ヲ皇太孫トス

第十六条　皇后皇太子皇太孫ヲ立ツルトキハ詔書ヲ以テ之ヲ公布ス

第四章　敬称

第十七条　天皇太皇太后皇太后皇后ノ敬称ハ陛下トス

第十八条　皇太子皇太子妃皇太孫皇太孫妃親王親王妃内親王王王妃女王ノ敬称ハ殿下トス

第五章　摂政

第十九条　天皇未《いま》タ成年ニ達セサルトキハ摂政ヲ置ク

天皇久キニ亘《わた》ルノ故障ニ由リ大政ヲ親《みずか》ラスルコト能《あた》ハサルトキハ皇族会議及枢密顧問ノ議ヲ経テ摂政ヲ置ク

第二十条　摂政ハ成年ニ達シタル皇太子又ハ皇太孫之ニ任ス

第二十一条　皇太子皇太孫在ラサルカ又ハ未タ成年ニ達セサルトキハ左ノ順序ニ依リ摂政ニ任ス

第一　親王及王

第二　皇后

第三　皇太后

第四　太皇太后
第五　内親王及女王
第二十二条　皇族男子ノ摂政ニ任スルハ皇位継承ノ順序ニ従フ其ノ女子ニ於ケルモ亦之ニ準ス
第二十三条　皇族女子ノ摂政ニ任スルハ其ノ配偶アラサル者ニ限ル
第二十四条　最近親ノ皇族未タ成年ニ達セサルカ又ハ其ノ他ノ事故ニ由リ他ノ皇族摂政ニ任シタルトキハ後来最近親ノ皇族成年ニ達シ又ハ其ノ事故既ニ除クト雖《いえども》皇太子及皇太孫ニ対スルノ外其ノ任ヲ譲ルコトナシ
第二十五条　摂政又ハ摂政タルヘキ者精神若ハ身体ノ重患アリ又ハ重大ノ事故アルトキハ皇族会議及枢密顧問ノ議ヲ経テ其ノ順序ヲ換フルコトヲ得

第六章　太傅《たいふ》

第二十六条　天皇未タ成年ニ達セサルトキハ太傅ヲ置キ保育ヲ掌ラシム
第二十七条　先帝遺命ヲ以テ太傅ヲ任セサリシトキハ摂政ヨリ皇族会議及枢密顧問ニ諮詢シ之ヲ選任ス

第二十八条　太傅ハ摂政及其ノ子孫之ニ任スルコトヲ得ス

第二十九条　摂政ハ皇族会議及枢密顧問ニ諮詢シタル後ニ非サレハ太傅ヲ退職セシムルコトヲ得ス

第七章　皇族

第三十条　皇族ト称フルハ太皇太后皇太后皇后皇太子皇太子妃皇太孫皇太孫妃親王親王妃内親王王王妃女王ヲ謂《い》フ

第三十一条　皇子ヨリ皇玄孫ニ至ルマテハ男ヲ親王女ヲ内親王トシ五世以下ハ男ヲ王女ヲ女王トス

第三十二条　天皇支系ヨリ入テ大統ヲ承《う》クルトキハ皇兄弟姉妹ノ王女王タル者ニ特ニ親王内親王ノ号ヲ宣賜ス

第三十三条　皇族ノ誕生命名婚嫁薨去《こうきょ》ハ宮内大臣之ヲ公告ス

第三十四条　皇統譜及前条ニ関ル記録ハ図書寮ニ於テ尚蔵ス

第三十五条　皇族ハ天皇之ヲ監督ス

第三十六条　摂政在任ノ時ハ前条ノ事ヲ摂行ス

第三十七条　皇族男女幼年ニシテ父ナキ者ハ宮内ノ官僚ニ命シ保育ヲ掌《つかさど》ラシム事宜ニ依リ天皇ハ其ノ父母ノ選挙セル後見人ヲ認可シ又ハ之ヲ勅選スヘシ
第三十八条　皇族ノ後見人ハ成年以上ノ皇族ニ限ル
第三十九条　皇族ノ婚嫁ハ同族又ハ勅旨ニ由リ特ニ認許セラレタル華族ニ限ル
第四十条　皇族ノ婚嫁ハ勅許ニ由ル
第四十一条　皇族ノ婚嫁ヲ許可スルノ勅書ハ宮内大臣之ニ副署ス
第四十二条　皇族ハ養子ヲ為スコトヲ得ス
第四十三条　皇族国疆《こっきょう》ノ外ニ旅行セムトスルトキハ勅許ヲ請フヘシ
第四十四条　皇族女子ノ臣籍ニ嫁シタル者ハ皇族ノ列ニ在ラス但シ特旨ニ依リ仍《なお》内親王女王ノ称ヲ有セシムルコトアルヘシ

第八章　世伝御料

第四十五条　土地物件ノ世伝御料ト定メタルモノハ分割譲与スルコトヲ得ス
第四十六条　世伝御料ニ編入スル土地物件ハ枢密顧問ニ諮詢シ勅書ヲ以テ之ヲ定メ宮内大臣之ヲ公告ス

第九章　皇室経費

第四十七条　皇室諸般ノ経費ハ特ニ常額ヲ定メ国庫ヨリ支出セシム

第四十八条　皇室経費ノ予算決算検査及其ノ他ノ規則ハ皇室会計法ノ定ムル所ニ依ル

第十章　皇族訴訟及懲戒

第四十九条　皇族相互ノ民事ノ訴訟ハ勅旨ニ依リ宮内省ニ於テ裁判員ヲ命シ裁判セシメ勅裁ヲ経テ之ヲ執行ス

第五十条　人民ヨリ皇族ニ対スル民事ノ訴訟ハ東京控訴院ニ於テ之ヲ裁判ス但シ皇族ハ代人ヲ以テ訴訟ニ当ラシメ自ラ訟廷ニ出ルヲ要セス

第五十一条　皇族ハ勅許ヲ得ルニ非サレハ勾引シ又ハ裁判所ニ召喚スルコトヲ得ス

第五十二条　皇族其ノ品位ヲ辱ムルノ所行アリ又ハ皇室ニ対シ忠順ヲ欠クトキハ勅旨ヲ以テ之ヲ懲戒シ其ノ重キ者ハ皇族特権ノ一部又ハ全部ヲ停止シ若ハ剥奪スヘシ

第五十三条　皇族蕩産《とうさん》ノ所行アルトキハ勅旨ヲ以テ治産ノ禁ヲ宣告シ其ノ管財者ヲ

任スヘシ

第五十四条　前二条ハ皇族会議ニ諮詢シタル後之ヲ勅裁ス

第十一章　皇族会議

第五十五条　皇族会議ハ成年以上ノ皇族男子ヲ以テ組織シ内大臣枢密院議長宮内大臣司法大臣大審院長ヲ以テ参列セシム

第五十六条　天皇ハ皇族会議ニ親臨シ又ハ皇族中ノ一員ニ命シテ議長タラシム

第十二章　補則

第五十七条　現在ノ皇族五世以下親王ノ号ヲ宣賜シタル者ハ旧ニ依ル

第五十八条　皇位継承ノ順序ハ総《すべ》テ実系ニ依ル現在皇養子皇猶子又ハ他ノ継嗣タルノ故ヲ以テ之ヲ混スルコトナシ

第五十九条　親王内親王王女王ノ品位ハ之ヲ廃ス

第六十条　親王ノ家格及其ノ他此ノ典範ニ牴触《ていしょく》スル例規ハ総テ之ヲ廃ス

第六十一条　皇族ノ財産歳費及諸規則ハ別ニ之ヲ定ムヘシ

第六十二条　将来此ノ典範ノ条項ヲ改正シ又ハ増補スヘキノ必要アルニ当テハ皇族会議及枢密顧問ニ諮詢シテ之ヲ勅定スヘシ

皇室典範増補（明治四十年二月十一日）

第一条　王ハ勅旨又ハ情願ニ依リ家名ヲ賜ヒ華族ニ列セシムルコトアルヘシ
第二条　王ハ勅許ニ依リ華族ノ家督相続人トナリ又ハ家督相続ノ目的ヲ以テ華族ノ養子トナルコトヲ得
第三条　前二条ニ依リ臣籍ニ入リタル者ノ妻直系卑属及其ノ妻ハ其ノ家ニ入ル但シ他ノ皇族ニ嫁シタル女子及其ノ直系卑属ハ此ノ限ニ在ラス
第四条　特権ヲ剥奪セラレタル皇族ハ勅旨ニ由リ臣籍ニ降スコトアルヘシ
② 前項ニ依リ臣籍ニ降ナレタル者ノ妻ハ其ノ家ニ入ル
第五条　第一条第二条第四条ノ場合ニ於テハ皇族会議及枢密顧問ノ諮詢ヲ経ヘシ
第六条　皇族ノ臣籍ニ入リタル者ハ皇族ニ復スルコトヲ得ス
第七条　皇族ノ身位其ノ他ノ権義ニ関スル規程ハ此ノ典範ニ定メタルモノノ外別ニ

之ヲ定ム

② 皇族ト人民トニ渉ル事項ニシテ各々適用スヘキ法規ヲ異ニスルトキハ前項ノ規程ニ依ル

第八条　法律命令中皇族ニ適用スヘキモノトシタル規定ハ此ノ典範又ハ之ニ基ツキ発スル規則ニ別段ノ条規ナキトキニ限リ之ヲ適用ス

皇室典範増補（大正七年十一月二十八日）

皇族女子ハ王族又ハ公族ニ嫁スルコトヲ得

皇室典範及皇室典範増補廃止ノ件（昭和二十二年五月一日）

明治二十二年裁定ノ皇室典範並ニ明治四十年及大正七年裁定ノ皇室典範増補ハ昭和二十二年五月二日限リ之ヲ廃止ス

［参考文献］

『天皇はなぜ生き残ったか』（新潮新書、二〇〇九年）
『天皇の思想　闘う貴族北畠親房の思惑』（山川出版社、二〇一〇年）
『天皇はなぜ万世一系なのか』（文春新書、二〇一〇年）
いずれも本郷和人・著。

天皇《てんのう》にとって退位《たいい》とは何《なに》か

2017年1月27日　第1刷発行

著　者　本郷和人《ほんごうかずと》

ブックデザイン　水戸部 功
DTP　小林寛子
編集協力　株式会社 清談社＋小山繭子

編　集　畑 祐介
発行人　木村健一
発行所　株式会社イースト・プレス
〒101-0051
東京都千代田区神田神保町2-4-7 久月神田ビル
TEL:03-5213-4700　FAX:03-5213-4701
印刷所　中央精版印刷株式会社

ISBN978-4-7816-1506-6 C0030